POMMERN

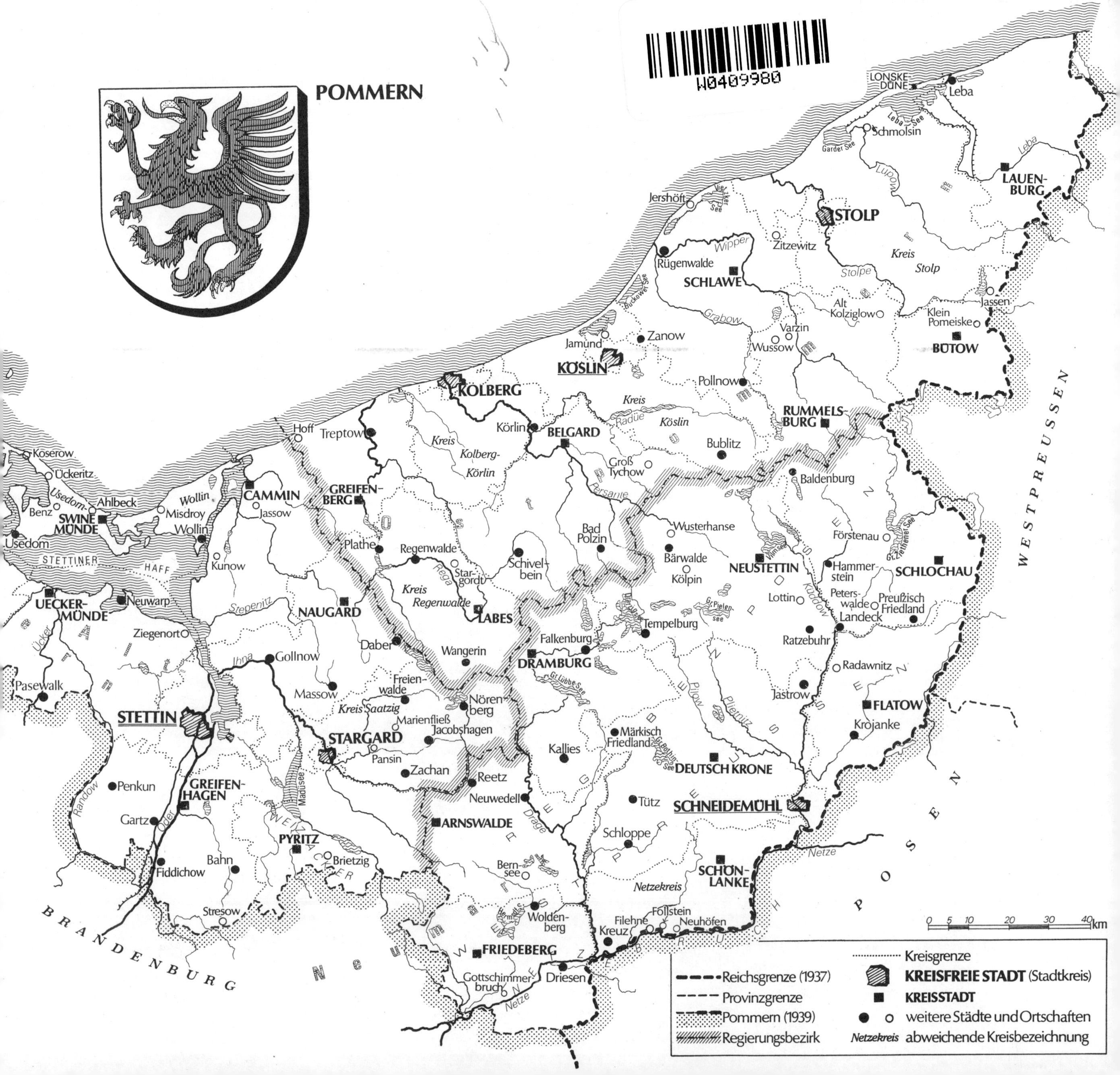
LONSKE DÜNE
Leba
Leba See
Schmolsin
Garder See
Leba
Lupow
LAUEN-BURG
Jershöft
Vietzker See
STOLP
Zitzewitz
Wipper
Rügenwalde
SCHLAWE
Kreis Stolp
Stolpe
Buckower See
Alt Kolziglow
Jassen
Klein Pomeiske
Grabow
Varzin
Wussow
Zanow
Jamund
KÖSLIN
BÜTOW
Pollnow
KOLBERG
Kreis Köslin
Radüe
RUMMELS-BURG
Hoff
Treptow
Körlin
BELGARD
Bublitz
Kreis Kolberg-Körlin
Koserow
Ückeritz
Groß Tychow
Baldenburg
Usedom
Ahlbeck
Wollin
Misdroy
CAMMIN
GREIFEN-BERG
Persante
Benz
SWINE-MÜNDE
Jassow
Wollin
Usedom
Bad Polzin
Wusterhanse
Förstenau
Gr. Ziethener See
STETTINER HAFF
Plathe
Regenwalde
Schivel-bein
Bärwalde
Kunow
Stargordt
Rega
Kölpin
NEUSTETTIN
Vilmsee
Hammer-stein
SCHLOCHAU
UECKER-MÜNDE
Neuwarp
Stepenitz
Kreis Regenwalde
NAUGARD
LABES
Lotti n
Peters-walde
Preußisch Friedland
Landeck
Gr. Pielen-see
Tempelburg
Küddow
Ziegenort
Ücker
Daber
Wangerin
Falkenburg
Ratzebuhr
Ihna
Gollnow
DRAMBURG
Radawnitz
Gr. Lübbe See
Pasewalk
Freien-walde
Massow
Jastrow
Nören-berg
Kreis Saatzig
Marienfließ
FLATOW
STETTIN
Jacobshagen
Krojanke
STARGARD
Märkisch Friedland
Pansin
Kallies
Zachan
DEUTSCH KRONE
Reetz
Penkun
GREIFEN-HAGEN
Neuwedell
Tütz
SCHNEIDEMÜHL
Madüsee
Randow
Gartz
Oder
ARNSWALDE
Drage
Schloppe
PYRITZ
Brietzig
Bahn
Netze
Fiddichow
Bern-see
SCHÖN-LANKE
Netzekreis
Stresow
Wolden-berg
Filehne
Follstein
Neuhöfen
Kreuz
FRIEDEBERG
Gottschimmer-bruch
Driesen
Netze
BRANDENBURG
WESTPREUSSEN
POSEN
0 5 10 20 30 40 km
Kreisgrenze
Reichsgrenze (1937)
KREISFREIE STADT (Stadtkreis)
Provinzgrenze
KREISSTADT
Pommern (1939)
weitere Städte und Ortschaften
Regierungsbezirk
Netzekreis abweichende Kreisbezeichnung

Heinz Butzlaff

POMMERN

Land am Meer

Heinz Butzlaff

POMMERN

Land am Meer

Mit 144 Großfarbfotos
und 51 Zeichnungen

FLECHSIG

Titelbild: Marienkirche in Stralsund (Foto: Ralf Freyer)
Landkarten im Vor- und Nachsatz: Ernst R. Döring
Vignetten auf Karte im Nachsatz: Johannes Hinz

Sonderausgabe für Flechsig-Buchvertrieb
in der Stürtz Verlag GmbH, Würzburg

Printed in Germany
ISBN 3-8818-9153-6

GESCHENK DES EISES

In die ungeheure Weite
trat ich ein,
und sie will nur die befreite
Heimat sein.
Von mir fort auf hellen Flügeln
zieht, was mich umringt.
Hinter still besonnten Dünenhügeln
mir das Meer sein Lied der Freiheit singt.
Und ich weiß, ich habe neu gefunden
meiner Heimat Licht.
Meine Seele, gestern erdgebunden,
ist es heute nicht.

Rita von Gaudecker, 1961

Das Meer mit der 519 km langen Küste, dem breiten Sandstrand, den Dünen, das macht Pommern aus, diese ehemalige preußische Provinz, die zu Recht ihren Namen »Land am Meer« trägt.
Dieser »zersauste Schmetterling« mit den ungleichen Flügeln, wie man das Land im Sinne von Wehrmann oft nennt, verdankt, wie die ganze Norddeutsche Tiefebene, seine Existenz einem erdgeschichtlichen Ereignis: den Eiszeiten. Ohne die drei nachgewiesenen Eiszeiten würde das Meer bis zum deutschen Mittelgebirge reichen. Nur die Gesteine älterer Erdzeiten hätten herausgeragt.
Die Vorstöße des Eises von Skandinavien und die Rückzüge haben sich nicht gleichmäßig vollzogen; vielmehr hat es Stillstandslagen gegeben. Für Pommern und sein Meer ist die letzte Eiszeit, die Weichseleiszeit, entscheidend gewesen. Mit dem Meer hat Pommern in seiner ganzen Geschichte in starker Wechselbeziehung gestanden.
Vor etwa 13 000 Jahren, am Ende dieser letzten Eiszeit, wurde die Baltische Senke frei, die schon die Gletscher früherer Eiszeiten ausgehobelt hatten. Durch Schmelzwasser

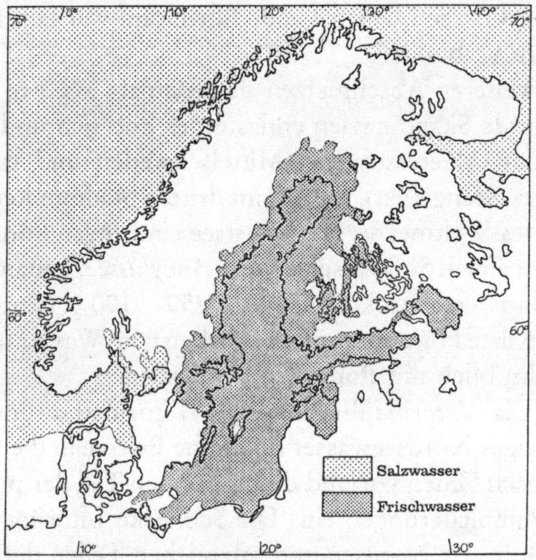

Ancylussee, um 600 v. Chr.

entstand 12000–8000 v. Chr. das erste Stadium der Ostsee, der *Baltische Eisstausee,* ein Süßwassersee. Die pommersche Ostseeküste lag etwas weiter nördlich als heute. Dieser Ostseevorläufer hatte noch keine Verbindung zum Weltmeer. Die westliche Ostsee mit den dänischen Inseln und die südliche Nordsee zwischen England und Dänemark waren Land.
Das änderte sich, als durch das ständige Abschmelzen des Eises der Wasserspiegel anstieg. Somit bekam das Salzwasser des Weltmeeres über den Finnischen Meerbusen und die großen Seen im russisch-finnischen Grenzgebiet und am Öresund in Mittelschweden Verbindung zum Süßwassersee an der Ostsee. Als sich das Eis weiter zurückzog, konnte immer mehr Salzwasser durch diese breiten Meeresstraßen fließen und subarktische Meeresfauna eindringen, so die Muschel Yoldia. Daher heißt dieses zweite Stadium der Ostsee auch *Yoldiameer;* es hatte allerdings nur kurzen Bestand (8000–7250 v. Chr.). Die dänischen Inseln und die

westliche Ostsee blieben Land. Bornholm war landfest mit Pommern verbunden.
Durch weiteres Abschmelzen des ehemals 3000 m dicken Eises wurde Skandinavien entlastet; es hob sich und schloß die beiden Meeresstraßen (Mittelschweden und russisch-finnisches Seengebiet), so daß im dritten Stadium kein Salzwasser des Weltmeeres in die Ostsee eindringen konnte. Sie wurde zu einem Süßwassersee, zur *Ancylussee,* benannt nach der Süßwasserschnecke Ancylus (7250–5100 v. Chr.). Teile vor der Küste Hinterpommerns blieben vom Wasser frei, und Bornholm blieb mit Pommern verbunden.
Durch die *Litorina*überflutung (»Litorinatransgression«) floß salziges Nordseewasser durch die Beltsee in die Ostsee, rückte nach Süden vor und drang in einen Teil der pommerschen Flußniederungen ein. Die Schnecke Litorina litorea, die noch in der Nordsee und salzreichen Teilen der westlichen Ostsee lebt, hat der Ostsee in diesem Stadium den Namen gegeben. Später hoben sich die dänischen Inseln. Wegen des geringeren Zuflusses aus der Nordsee nahm der Salzgehalt der Ostsee ab. Nun traten die Brackwasserschnekken Limnea und Mya auf, die sich an pommerschen Stränden noch heute finden.

Die Muschel spülte spät an meinen Strand,
zertritt sie nicht, mein Fuß.
Sie bringt das Rauschen mit vom Kinderland,
der Nächte Sehnsuchtsgruß.
Was einst geträumt, versäumt in junger Zeit,
sie singt es in geheimer Melodie.
Sie weiß von Meerestiefen klar und weit,
nun halte ich in ihr auch sie, auch sie.
Mein Ohr, es horcht am zarten Muschelrand,
sing mir Dein Lied bis an den letzten Tag,
damit einst, landend, meine Seele nie
der Tiefe Lobgesang vergessen mag.

Rita von Gaudecker

BAYERISCH POMMERN?

Auf der Fahrt von Kolberg über Belgard, Bad Polzin, Tempelburg nach Neustettin und zurück über Köslin nach Kolberg im Sommer 1986 äußerte die polnische Reiseführerin zaghaft: »Manche sagen, es sehe hier aus wie in Bayern.« Die ganze Schönheit der Berge und Seen, die wir Pommersche Schweiz nennen, beeindruckte alle, auch wenn einige Mitfahrer mit etwas weniger Reiseerfahrung diesen Vergleich etwas staunend und ungläubig aufnahmen.
In der Tat, die Oberflächengestalt Pommerns und des bayerischen Alpenvorlandes sind etwa gleichzeitig und im Ursprung durch die gleichen Kräfte entstanden: das Eis. Deshalb sind vom Rande der Alpen bis zur Donau längs der Schwäbischen und Fränkischen Alb und dem Bayerischen Wald ähnliche Formen zu finden wie in Pommern, wo Moränenwälle, Aufschichtung, Kiese und Sander der Eiszeit den Boden einer älteren erdgeschichtlichen Zeit, des Tertiärs, überdecken. Auf der Insel Rügen jedoch ragt der Kreidefelsen aus einer noch älteren Zeit hervor, der Kreidezeit.
Als Küstenland zählt Pommern zum Baltischen Höhenrükken, der die südliche Ostsee umrahmt und seine Form der letzten großen Vereisung, dem pommerschen Stadium der Weichseleiszeit, verdankt. Die Ablagerungen entsprechen der sogenannten glazialen Serie; der Grundmoräne im Küstenraum folgt nach Süden die kuppige Grundmoräne, dann die Endmoräne (Pommerscher Höhenrücken) und im Süden die unfruchtbare Sanderzone. Aus dem Eisnährgebiet Skandinaviens abgehobelte Gesteine und unter dem Eis meist zerriebener Schutt transportierte das dicke Eis nach Süden. Dadurch entstand von der pommerschen Küste landeinwärts ein Streifen fruchtbarer Grundmoränenlandschaft aus kalkhaltigem Geschiebemergel. Ganz Vorpommern und ein großer Teil Hinterpommerns gehören dazu.
Nur dort, wo sich das Eis zügig zurückzog, gibt es größere flache Landschaften, die charakteristischen, aus Toteisgebil-

den entstandenen Sölle; sie können recht tief sein. Weiterhin sind wallartige, sogenannte Os-Züge zu erkennen, die sich unter dem Eis durch Aufschüttung von Kies und Sand gebildet haben.
Auch das Stettiner Haff und die Ueckermünder Heide gehören zur flachen Grundmoräne, Gebiet eines durch den Oder-Eislobus aufgestauten Sees, der 25 m höher als der heutige Meeresspiegel lag. Durch den Rückgang des Eises bis zum nächsten Stillstand blieben sandige Terrassen zurück, unter denen Beckentone liegen.
Während der Stillstand des Eises über Jahrtausende andauerte, der Eisrand in dieser Zeit jedoch vor- und zurückging, konnte eine tiefe Zone endmoränenartiger Gebilde entstehen, Stau- oder Stauchmoränen genannt, die bei einem Vorstoß stärker zerstört wurden; dadurch bildete sich ein breiter Saum kuppiger Grundmoränen. Erst die Endmoränen, denen von Norden her kein Vorstoß mehr folgte, blieben als wallartige Gebilde mit Blockpackungen bestehen: der Hinterpommersche Höhenrücken.
Den Hauptzug der Endmoränen Pommerns bilden die neumärkischen Endmoränen des Oderlobus; erst von Nörenberg an beginnen die hinterpommerschen Züge, die in Richtung Nordosten in den Raum von Wangerin, Dramburg, Falkenburg, Tempelburg, Neustettin, Bütow bis zum 331 m hohen Turmberg in Westpreußen reichen. Dazwischen sind als Reste ehemaliger Staumoränen runde Kuppen und ziemlich steile Hänge, dazwischen viele, oft abflußlose, hintereinander angeordnete Seen zurückgeblieben.
Hier befinden sich die höchsten Berge: der Schimmritzberg südlich von Bütow, mit 256 m höchster Berg Pommerns; der Steinberg bei Rummelsburg (234 m) und der Hochratzenberg zwischen Falkenburg und Märkisch Friedland (211 m). Den Pommerschen Landrücken nennt man auch Pommersche Seenplatte; bekannt sind der Enzigsee bei Nörenberg, der Dratzigsee bei Tempelburg, der Große Pielburger See und der Vilmsee bei Neustettin. Doch auch zwischen Köslin und

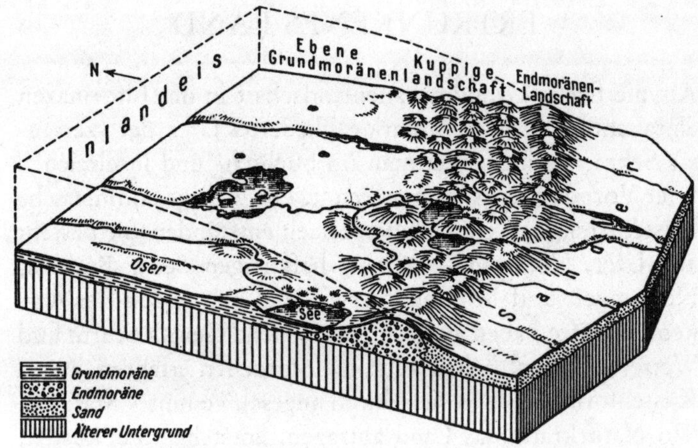

Landschaftsformen in Pommern – die glaziale Serie

der pommerschen Grenze in Küstennähe hat das Eis auf seinem Rückzug örtlich Pausen eingelegt. Als Staumoränen sind die Berge, die sich dabei formen konnten, weithin sichtbar: der Gollen (137 m), die Höllenberge bei Barzwitz (72 m), Revekohl (115 m) und Schönehr (121 m).
Reste von Inselkernen sind auf den Inseln Usedom, Wollin und Rügen zurückgeblieben; im weiteren Vorpommern finden sich ebensolche Spuren. Als Berge ragen sie auf den Inseln hervor: der Königsstuhl (122 m), das Vorgebirge Arkona (44 m), der Rugard (91 m), im Norden von Hiddensee der Dornbusch (72 m).
Südlich des Pommerschen Höhenrückens breitet sich, zum großen Teil schon außerhalb Pommerns, die durch eiszeitliches Schmelzwasser aus dem Höhenrücken geschaffene Sanderzone aus und läuft eintönig zum Thorn-Eberswalder Urstromtal ab. Diese Sanderzonen sind sehr dünn besiedelt und werden forstwirtschaftlich genutzt.
Das fruchtbare Gebiet nördlich des Landrückens wird landwirtschaftlich genutzt und hatte eine Besiedlungsdichte von 50 bis 55 Einwohnern je qkm, im Gegensatz zum Sandergebiet südlich davon mit nur 25 Einwohnern.

ERTRUNKENES LAND

Als die flache Grundmoränenlandschaft in der Litorinazeit eintauchte, entstand ein stark gegliedertes Ufer: der »zersauste Schmetterling«, den man im buchten- und inselreichen Ufer Vorpommerns leicht erkennt. Die heutige pommersche Küstenlandschaft ist nach der Eiszeit entstanden. Sie besteht aus Ufer, Vorstrand, Dünen, haffartigen Seen, Bodden, Nehrungen und Mooren, vorwiegend von außen her wirkende Kräfte haben sie gestaltet. Welche Gewalt Sturm und Wetter ausüben, haben auch die Menschen erfahren. Neue Küstenformen bilden sich durch angeschwemmtes Material. Wo Naturkräfte das Land abtragen, entstehen Steilküsten, Ablagerungen und Aufschüttungen an anderen Stellen. Die Vorarbeit dabei leisten die physikalische oder chemische Verwitterung. Islandtiefs ziehen von Westen nach Osten und treffen auf die Westküste Rügens und Hinterpommerns.
Die Küste Vorpommerns ist im Gegensatz zu Hinterpommern eine Boddenküste, nach Hurtig (1954) ein »ertrunkenes Land«. Die Bodden sind große Teile an der Küste des Darß

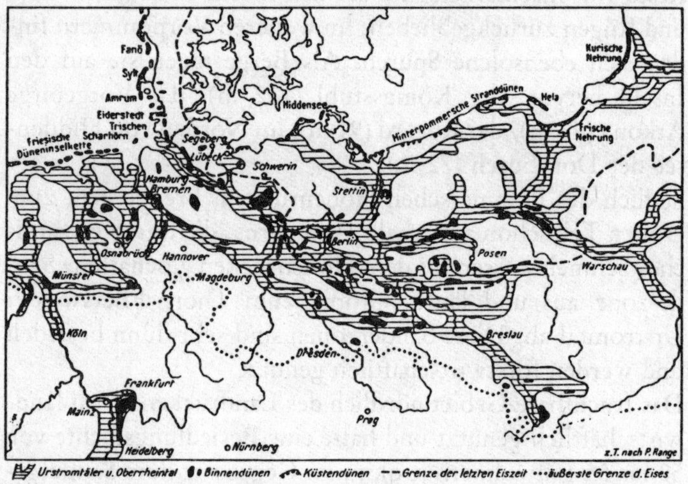

Urstromtäler und Haupteisrandlagen

und Rügens, sie wären bei einer Senkung des Meeresspiegels um einige Meter trockenes Land.
Vom Westen nach Osten sind es der Saaler Bodden, der Bodstedter und Barther Bodden und der Grabow. Darauf folgt eine schmaler werdende Boddenrinne, die »Am Bock« (H. Reinhard, 1953) vorbeiführt und in das Stralsunder Fahrwasser übergeht. Zwischen dem Gellen, südlicher Teil Hiddensees, und dem »Bock« schwemmt die Meeresströmung gewaltige Sandmassen in die Bodden. Deshalb wächst die Gellerhaken genannte Spitze des Gellen durch Sandablagerungen weiter nach Süden in Richtung Stralsund, so daß sich die Fahrstraße von Stralsund nach Hiddensee hindurchwinden muß.
Diese Bodden vor dem eigentlichen Festland schließt ein halbinselartiger Landstreifen ein, der, ähnlich der hinterpommerschen Ausgleichsküste, wie eine Nehrung wirkt. Er trägt die Namen Fischland, Darß, Zingst mit Sundische Wiese und Der Bock.
Eine Abbildung zeigt die Inselkerne und den Beginn der Hakenbildung, wie wir sie an der ganzen pommerschen Küste beobachten können. Die 0,5 bis 2 km breite Nehrung zwischen Dierhagen und Wustrow bis zum eiszeitlichen Inselkern des Fischlandes ist an einigen Stellen durch Sturmfluten durchbruchgefährdet; man hat sie aber durch Deich und Straße abgesichert. Auf meist steinfreiem Strand entstanden die Seebäder Wustrow, Ahrenshoop, Prerow, Zingst. Wegen der flachen See bevorzugen Familien mit Kindern diese Bäder. Der Darß ist ein Naturschutzgebiet, gleichzeitig eine richtige Vogelzugstraße. Auf dem Zingst weidet das »Pensions-Vieh« aus dem nahen Festland vom Frühjahr bis zum Herbst.
»Der Bock« in Verlängerung des Zingst besteht aus einer Sandplatte von 9 km Länge und 1,5 bis 2,5 km Breite; im Osten grenzt er an den Gellenstrom. Bei Mittelwasser ist die gelbe Sandfläche trocken. Nach dem Gutachten des Wasserstraßenamts Stralsund aus dem Jahre 1948 betrug das Bagger-

gut aus der Fahrrinne zwischen dem Bock und der Insel Hiddensee im Laufe von 25 Jahren 4,6 Mio. cbm. Seit 1934 hat man das Baggergut zur Aufspülung des Ostbocks verwendet und ihn seit 1937 mit Erfolg aufgeforstet.

An einem Augusttag war die Sandbank des »Bocks« fast trockengelaufen. In ganz flachen Wasserlachen spiegelten sich prachtvolle Kumuluswolken. Im Westen liegt der flache Ostzingst, im Osten schließt die künstliche Aufforstung die Sandbank ab. Über dem schmalen Waldsaum erhebt sich die Höhe von Barhöft. Nach Süden geht der Blick über den begrünten Werder zu dem ansteigenden Festland hinüber. Den davorliegenden Boddenteil kann man nur ahnen. Nordwärts blickt man in die Gellenbucht hinein und sieht auf der Ostseite in leichtem Dunst die Insel Hiddensee. Unendlich einsam ist es in den frühen Morgenstunden in dieser weiten, noch unberührten Natur, die erst vor kurzer Zeit ihren Schöpfungstag gesehen hat.

Seltsame Wanderer kommen entgegen. Eine Gruppe Jungvieh vom Weidegebiet der Sundischen Wiese hat sich selbständig gemacht und trollt gemächlich über den feuchten Sand. Die Tiere scheinen Freude daran zu haben, sich hier, unbehelligt von den Insekten-Plagegeistern ihrer Weideplätze, bewegen zu können. Plötzlich erfüllen laute Rufe die Luft. Hunderte Graugänse ziehen in ihrem bekannten Flugbild hinweg. Sie hatten die Nacht auf den Boddensandflächen verbracht und wechseln am Morgen nach dem Seeschlag hinüber, um dort zusammen mit Möwen und Wildenten bis zum Abend zu bleiben und wieder zurückzukehren. Drei Wildschwäne mit ihrem singenden Flug folgen ihnen.

Der Tag ist heiß. Flimmernde Luft steht über dem allmählich trockener werdenden Sand. Es kommt zu seltsamen Schlierenbildungen in der Luftmasse unmittelbar über der Sandplatte. Kleine Gegenstände erscheinen in der Ferne riesengroß. Da, ein großes schwarzes »Etwas«! Es sieht wie eine gewaltige Tonne aus, die ein letzter Sturm auf die Sandbank geworfen haben mag. In die Nähe gekommen, entpuppt es sich als kleiner Baumstumpf, den die wie eine optische Linse wirkende Luftspiegelung so stark vergrößert hat.

Der Rückweg geht an dem Rand der Werder entlang. In ihrem Schilfgras stehen zahlreiche Reiher unbeweglich wie Figuren, die man dort aufgestellt hat. Die Strandastern blühen am Saum zwischen Werder und kahler Sandplatte, hin und wieder tauchen Queller auf. Die großen Quallen, die man am Morgen in den Wasserlachen mit den Füßen berührt hatte, sind beim vollständigen Trockenlaufen der Sandbank verschwunden. Kreisrunde, mehr oder weniger große Flekken auf dem Sande verblieben als ihre letzten Spuren. Die sinkende Sonne bringt ein Farbenspiel hervor, das der Wanderer von der Dünenwelt der Kurischen Nehrung in Erinnerung hat.

Bei Sagard auf der Halbinsel Jasmund stehen neben der Bahnstraße mit weißen, tellergroßen Klumpen angefüllte Schuppen. Darin werden sie auf Trockenböden getrocknet. Auf einem Schmalspurgleis kommen Lorenzüge angefahren, die im Sonnenlicht grellweiß leuchten. Das Kreidevorkommen auf Rügen, Grundstoff für die Bergbauindustrie, ist einmalig in Deutschland und leuchtet tief in die Erdgeschichte hinein, 50 bis 100 Mio. Jahre zurück in die Kreidezeit. In der jüngsten Kreidezeit erreichte das Meer seinen Höhepunkt und bedeckte allmählich ganze Kontinente 1 500 m hoch, eine »Sintflut«, die größte der Erdgeschichte, und schlug gegen die Alpen und einen schottisch-skandinavischen Urgebirgszug. Aus den älteren Kalksteingebirgen trugen die Flüsse eine feine Kalkbrühe ins Meer, das sich im Laufe von Jahrhunderttausenden sättigte. Die Meerestiere benutzten den Kalküberfluß und rüsteten sich mit starken Panzern oder Schalen. Die abgestorbenen Meerestiere lagerten am Meeresboden kreidehaltigen Schlamm in 200 bis 400 m dicken Kalkschichten ab. Reste der einstigen Tierwelt sind »Klapperstein« und »Donnerkeil«; diese findet man auf Rügen in großen Mengen. Feuersteine gehören ebenfalls zu den Kreideschichten.

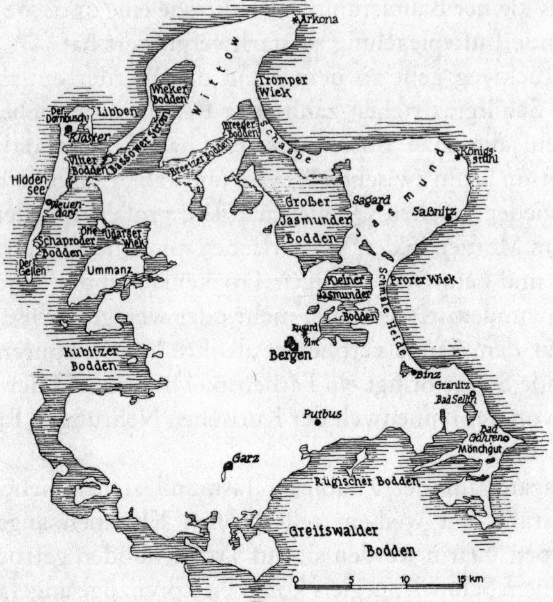

Insel Rügen

Mit 926,4 qkm ist Rügen Deutschlands größte und zugleich schönste Insel, die der etwa 2,5 km breite Strelasund vom Festland trennt. Sie ist stark gegliedert und besteht aus einzelnen Kernen der Kreidezeit und Moränenkernen der Eiszeit mit Steilküsten, die durch Nehrungen verbunden sind und Halbinseln bilden. Im Südwesten verbindet der 1936 gebaute Rügendamm, der über die Insel Dänholm führt, das Festland mit Rügen. Große Einbuchtungen im Osten Rügens sind die Tromper und die Prorer Wiek, Nehrungen schließen den Breeger, den Großen und den Kleinen Jasmunder Bodden ab.

Das niedere Rügen im Westen ist vorwiegend Grundmoräne mit vielen Söllen, Teichen und Wallbergen. Die Bodden zergliedern auch hier die Insel. Von Süden nach Norden sind es der Kubitzer Bodden, die Udarser Wiek, der Schaproder und Vitter Bodden, der Rassower Strom, der Wieker Bodden und nördlich der Buger Nehrung und Hiddensee der Libben. Der Westküste sind eine Reihe von Inseln vorgelagert; Ummanz ist die größte davon. Im Westen schließt die Insel Hiddensee ab.

Durch die vielen Einbuchtungen (Wieke und Bodden) hat die Inselküste Rügens eine Länge von 573 km, eine Entfernung von Hamburg bis Heidelberg. Dadurch ist kein Ort der Insel weiter als 7 km vom Wasser entfernt. Um Rügen herum liegen etwa 31 kleine Inseln, die meisten sind unbewohnt. Als Brutgebiete der Vögel stehen sie unter Naturschutz.

GOLD AUS HIDDENSEE

Sturmfluten haben immer wieder die Insel Hiddensee gefährdet. Im Jahre 1872 hat eine Sturmflut, so der Gründer des Stralsunder Museums, Dr. Rudolf Baier, ein erstes Stück des wertvollen Hiddenseer Goldschmucks freigelegt. Die Fundstelle befindet sich bei Neuendorf. Noch zweimal ist man dort fündig geworden. Der Goldschmuck besteht aus 14 Hängestücken, die zu einem Brustschmuck gehören, einer

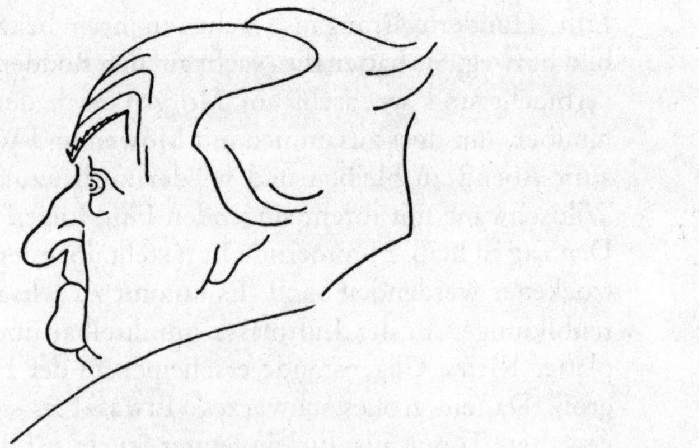

Gerhart Hauptmann

schildförmigen Scheibenfibula und einem Halsring. Als Zeit der Anfertigung nimmt man das 10. Jahrhundert an; die verschlungenen Bänder mit Vogel- und Tierköpfen weisen in den Norden. Man glaubt, ein Normanne habe den Schatz vergraben. Das kostbare Geschmeide ruhte jedenfalls viele Jahrhunderte lang in den Dünen von Hiddensee.
Heute kann ihn das Publikum im Stralsunder Museum nur bei besonderen Anlässen und unter starken Sicherheitsvorkehrungen bewundern. Dennoch wäre er beinahe verlorengegangen. Der seinerzeitige Museumsleiter Dr. Adler hat ihn in letzter Minute aus Stettin herausgeholt, wo er während des Zweiten Weltkrieges aufbewahrt war. Nach dem Vorbild des Hiddenseer Fundes stellt man heute Schmuck her, der in Vorpommern häufig getragen wird.
Der Hiddenseer Inselpastor Gustavs berichtet von einem weiteren Fund am 24. Juni 1888, als der Strandvogt aus Kloster in großer Wassertiefe einen massiven goldenen Armring von 682 Gramm fand. Nach der Mitte der einen Langseite der ovalen Form des Ringes zu verjüngen sich die Schenkel ein wenig und münden in den geöffneten Rachen zweier Delphinköpfe, die an den Hälsen durch punktierte Bänder verbunden sind. Der Finder verkaufte den kostbaren Ring an das Völkerkundemuseum in Berlin und bekam dafür tausend Taler. Das Fundstück geriet jedoch mit den anderen Schätzen des Museums unter die Trümmer des Bombenkrieges.
Bei einem Neubau auf dem Langen Ort wurde 1947 ein weiterer Goldfund gemacht. Drei verknotete Goldschnüre bilden einen großen Fingerring und liegen zwischen einer Platte mit drei Fassungen für Steine und zwei gegossenen Tierköpfen. Ihn kann man im Stralsunder Museum bewundern. 1905 entdeckte ein Leuchtturmwärter den Goldschatz einer reichen Germanenfrau. Die Grabausstattung enthielt kostbare Haushaltsgeräte und Wegzehrung.
Hiddensee nennt man auch die »Liebesinsel«, da Verlobte sie häufig besuchen. Ihren Namen soll sie der nordgermanischen

Goldschmuck von Hiddensee

Hildesage verdanken. Hithun (Hedin) war der nordische König und Hilde Tochter des Königs Hagen und Mutter der Gudrun. Nach dieser Version gilt Hiddensee als Handlungsort des Brautraubliedes. Die schmale Insel ist 18 km lang. Der Dornbusch im Norden hat eine Steilküste, die 60 m tief zum Meer abfällt; an ihrem Fuß spült das Wasser abgestürztes Material weg. Der Süden ist dagegen ein langes, niedriges Dünenflachland, das im Laufe der Zeit immer weiter nach Süden gewachsen ist. In dem Ort Kloster ist Gerhart Hauptmann 1946 beigesetzt worden; sein Haus dient als Museum.

ZWISCHEN ODER UND OSTSEE

Usedom und Wollin sind zwei Inseln, die zwischen dem Stettiner Haff und der Ostsee liegen. Usedom ist Deutschlands zweitgrößte Insel, Wollin gut halb so groß. Beide bildeten bis 1945 zusammen einen Landkreis und gehörten zum Regierungsbezirk Stettin, den im Osten die Dievenow und im Westen die Peene vom Festland trennen. Zwischen beiden Inseln fließt die Swine; die politische Trennungslinie, die sogenannte Oder-Neiße-Linie, verläuft westlich der Swine auf der Insel Usedom. Westlich davon konnten die

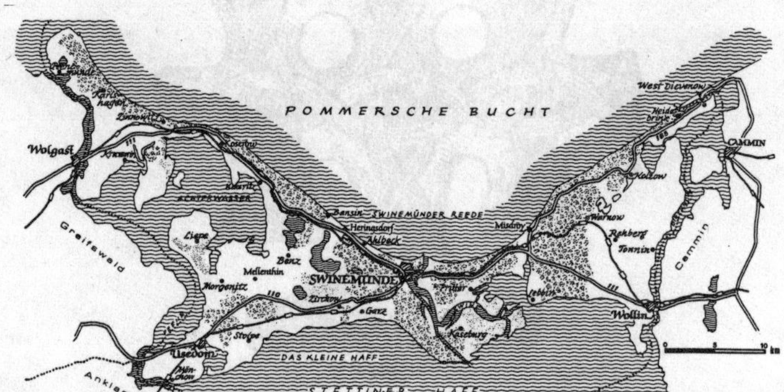

Übersichtskarte des Kreises Usedom-Wollin

Deutschen ihre Heimat behalten, östlich davon wurden sie vertrieben.
Die Ostseeküste Usedoms und Wollins besteht aus eiszeitlichen Inselkernen, die durch Haken und Nehrungen zusammengewachsen sind und so eine Ausgleichsküste bilden, die auf Usedom von Nordwesten nach Südosten verläuft und sich von Südwesten die hinterpommersche Küste entlang bis zum äußersten Nordosten Pommerns insgesamt etwa 300 km lang fortsetzt.
Im Westen greift die Peene weit in die Insel Usedom hinein, so daß das Achterwasser einen Bodden vorpommerscher Art bildet, der sich in der Krummer Wiek fortsetzt. Ähnlich wie im Darßer Rückraum sind hier viele Einbuchtungen und Halbinseln zu finden; auffällig auch die Seen, so daß man wegen der lebhaften Oberflächengestalt von einer Usedomer Seenplatte sprechen könnte.
Die alte Swine und der Große Vietziger See reichen weit in die Insel Wollin hinein. Mehrere Inseln, die vorwiegend aus Dünen bestehen, trennen beide voneinander. Wie im Westen die Peene mit dem Achterwasser die Insel Usedom begrenzt, so schließt im Osten die Dievenow mit dem Camminer Bodden die Insel Wollin ab, wobei sie die Insel Gristow umfließt.
Auch die Schaffung der beiden Inseln setzte das aus der Eiszeit und Späteiszeit bereitgestellte Relief voraus. Der Odergletscher war in die Pommersche Bucht weit nach Süden vorgestoßen. Bei seinem Rückzug bildeten sich vor der Eisfront Stauwasserbecken: Dammscher See, Papenwasser und Stettiner Haff.
Der Rückzug der Eisfront vollzog sich nicht auf einmal: Es gab vielmehr zahlreiche Vorstöße, wobei einzelne Endmoränenstücke entstanden. So wechseln bei beiden Inseln hohe Moränenkerne, die zum Meer steil abfallen, an denen Wind, Wetter und Meeresströmung arbeiten, das Material vom Westen nach Osten verlagern und die Moränenkerne durch Nehrungen verbinden und damit die Ausgleichsküste schaf-

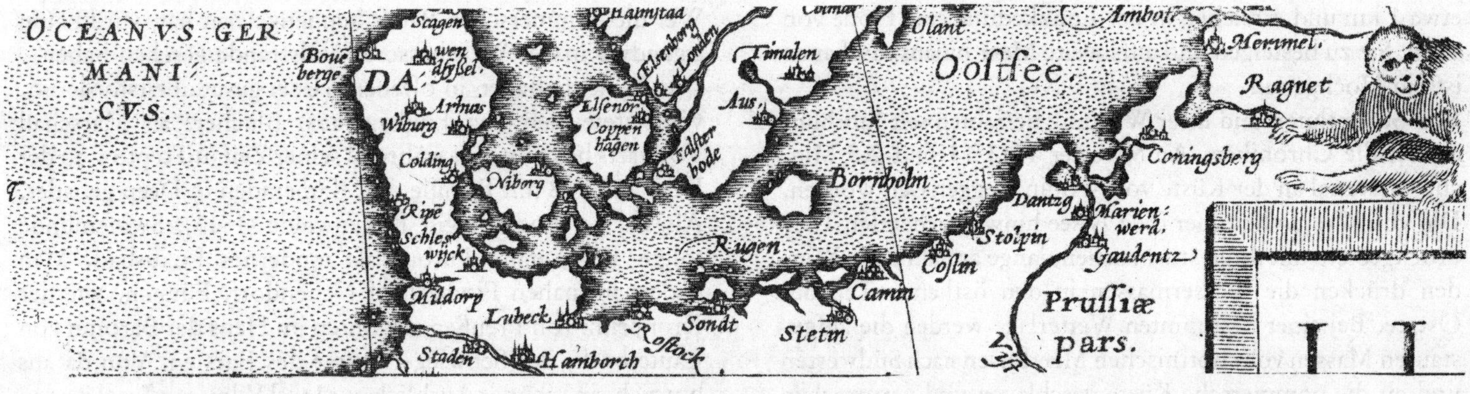

Pommersche Ausgleichsküste nach Ortelius

fen. Dadurch sind an den Mündungen von Peene, Swine und Dievenow Sand- und Dünenfächer entstanden.

Ähnlich kann bei Winden vom Meer her ein Rückstau auftreten, wie bei der Dievenow (»der Verrückten«), so daß sich zum Stettiner Haff hin ein Delta mit Sandbänken und Inseln bildete. Die Mündung der Dievenow konnte man durch den Bau von Molen festlegen. Die Swine ist erst durch den geraden Durchstich von 1880, die sogenannte Kaiserfahrt, zur großen Wasserstraße zwischen Oder und Ostsee geworden.

Dieser kleine Ausschnitt aus der Karte »Ostsee und Nordeuropa« (1570) von Abraham Ortelius zeigt uns, wie zerrissen die Küste Pommerns noch vor 400 Jahren war. Die hinterpommersche Küste hat mehrere tiefe Einschnitte und Buchten. Wie die schöne Ausgleichsküste in Hinterpommern entstehen konnte, davon mag uns die Abbildung über den Beginn der Hakenbildung des Darß und Zingst eine Vorstellung zu vermitteln. Flach- und Steilküsten wechseln miteinander ab, dadurch wirken sie wie eine glatte Linie. Dahinter liegen die abgeschnürten ehemaligen Buchten als Strandseen. Wie aneinander aufgereiht, sind es von Westen nach Osten: der Eiersberger See bei Horst, der Kamper See, Jamunder, Buckower, Vitter, Vietzker, Garder, Leba- und Sarbsker See. Die drei größten Strandseen sind der Jamunder, Buckower und Lebasee. Nicht alle Flüsse können ihr Wasser noch unmittelbar in die Ostsee entlassen, sondern bauen kleine Deltas in die Haffe und Strandseen. Die Verlandung schreitet von den Rändern nach der Mitte zu durch Pflanzenwuchs voran.

Einen Vorzug vor vielen anderen hat die pommersche Küste, und das macht ihren Reiz aus: niedriger breiter Sandstrand, den schmale Dünengebiete begleiten. Sie bilden einen Schutz gegen Meeresüberflutungen. Zuweilen folgt hinter dem ersten Dünenwall ein zweiter, danach auf sandigem Boden ein schmaler Waldstreifen. Für uns Jugendliche bildeten die Dünenwälle an einsamen Stellen zwar verbotene, aber hervorragende Tummelplätze. Schien die Sonne rechtwinklig auf die Abhänge, brannte der Sand so heiß, daß er kein längeres Liegen erlaubte. Zum Schutz vor Winden befestigte man die Dünen durch Strandhafer.

Die Nehrungen der hinterpommerschen Küste nördlich des Lebasees gehören zu den größten europäischen Wanderdünengebieten. Die großen, zum Teil kahlen Sandmassen erstrecken sich in einer Länge von 20 km und einer Breite von

etwa 1 km und erreichen in der Lonzkedüne eine Höhe von 42 m. Sie zu besteigen und aufs weite Meer hinauszuschauen ist ein Hochgenuß.
Von Sturmfluten und ihrer Wirkung berichten seit Jahrhunderten die Chroniken. An Silvester 1913/14 sind 2,5 Mio. cbm Material an der Küste von Wollin weggerissen worden. Die von Westen her über die Ostsee hinwegziehenden Tiefdruckgebiete mit ihren stürmischen, lange anhaltenden Winden drücken die Wassermassen in den östlichen Teil der Ostsee. Bei einer bestimmten Wetterlage werden die aufgestauten Massen vom Bottnischen Meerbusen nach Südwesten und an die pommersche Küste geschlagen und verursachen große Verwüstungen; zuweilen gehen sie auch über Wiesen und einzelne Moore südlich der Küstenregion hinweg. Als Beispiel sei die Kirchenruine Hoff (Bild 216) auf steilen Ufern am Ostseestrand genannt. Einst lag sie mitten im Dorf, weitab vom Strand.

LAND DER SEEBÄDER

Die Ostsee zeichnet Perlensäume
nimmermüde auf den Sand.
Mit Phantasie – wie Sehnsuchtsträume –
wechseln Wellen ihren Rand.

Viele bunte Steine treiben
mit dem Wasser an den Strand.
Eis und Fels und Winde reiben
Relikte aus der nordisch Wand.

Tausend Diamanten glimmern
aus dem hellen Dünenband.
Sonnenstrahlen gleißend flimmern
über ein gesegnet' Land!

Ilse Gudden-Lüddeke

Wer die pommerschen Bäder kennengelernt hat, wird kaum irgendwo in der Welt bessere Sandstrände gesehen haben.
Die Ansicht, Baden in offener See sei gesundheitsfördernd, verbreitete sich von England aus. Blücher, als Marschall Vorwärts bekannt, hat während seiner Zeit in Treptow an der Rega 1807/08 mit Familie und Kameraden in Deep gebadet.
Als ältester Badeort gilt Rügenwalde (1813), Swinemünde folgte 1814, dann Putbus als modernes Luxusbad. Man badete im nahen Fischerdorf Neuendorf, Fürsten, wie der Kronprinz von Preußen, wohnten im Haus der Baronin von Lauterbach, der Schwiegermutter des Fürsten. Von da aus bot sich ein schöner Ausblick zur Insel Vilm, zur Insel Ruden und zu den Küsten östlich von Greifswald und Peenemünde.
Das Putbuser Vorbild wirkte auf Badeeinrichtungen anderer Orte. Es folgten Heringsdorf (1825), Kolberg (1832), Misdroy (1835), Saßnitz (1836) und Dievenow (1844). So entwikkelten sich die meisten Fischerdörfer zu Badeorten, zumal die Reisemöglichkeiten durch den Einsatz moderner Verkehrsmittel wuchsen.
Usedom war die Bäderinsel mit den meisten Besuchern. Von Karlshagen bis Swinemünde erstreckt sich etwa 35 km lang eine fast ununterbrochene Reihe sauberer Strandhotels. Seebad Bansin galt als Modebad, Treffpunkt des Kurfürstendamms, wie später Binz auf Rügen, Seebad Heringsdorf als Vorort Berlins für Bühne und Film, Misdroy auf der Insel Wollin als vornehmstes Ostseebad für wohlhabende Berliner.
Manche Bäder bauten als Heilbäder auf natürlicher Sole oder mineralreichem Moor auf; Kolberg mit seinen zahlreichen Solequellen wurde so zu einem bekannten Heilbad. Kinderheilstätten erzielten medizinische Erfolge. Mildes Klima, salziges Meerwasser, Sonnenbestrahlung und staub- und keimfreie Luft förderten die Gesundung.
Seit dem 17. Jahrhundert bis heute hat sich die pommersche Heilquelle von Bad Polzin erhalten. Zur Zeit Friedrichs des Großen hielt sich hier gern der benachbarte polnische Adel auf, dem der König ein »freies Religionsexerzitium« bewil-

ligte. Südlich Polzins lag Luisenbad, benannt nach der Königin Luise (1808). Das Moorbad mit seinem 48 ha großen Kurpark zählte in den Jahren 1938/39 187000 Übernachtungen.

Der Fremdenverkehr in Bädern und Kurorten belebte die Wirtschaft. Kolberg (1938) mit 45000 Badegästen und 825000 Übernachtungen stand an der Spitze aller deutschen Kurorte. Mit 8,4 Mio. Übernachtungen im Jahre 1939 lag Pommern vor Bayern und Schlesien an der Spitze des Fremdenverkehrs in ganz Deutschland. Man kann sich kaum ausmalen, welche Rolle bei den heutigen touristischen Mitteln Pommern als Ferienland hätte spielen können, wäre »1945« nicht gewesen.

FLÜSSE EILEN VOM HÖHENRÜCKEN

Während Schlesien und Brandenburg in der Oder einen zusammenhaltenden Hauptfluß besitzen, also gewissermaßen ein Rückgrat haben, kann sie diese Funktion für das nach Westen und noch ausgeprägter nach Osten langgestreckte Pommern nicht erfüllen. Dennoch ist die Oder Mittelpunkt des Landes. Bei dem Dorf Nipperwiese erreicht sie pommerschen Boden, durchbricht den pommerschen Landrücken und teilt sich bald in zwei Arme; der östliche, die Große Reglitz, fließt in den Dammschen See. Südlich Greifenhagens mündet die Thue in die Ostoder, an der Bahn liegt, älteste Stadt Hinterpommerns; Stadtrecht erhielt sie 1234, im gleichen Jahr wie Stralsund in Vorpommern. Die Plöne kommt aus der Neumark, durchfließt den Plöne- und Madüsee und mündet in den Dammschen See. Die Ihna, an der die Städte Stargard und Gollnow liegen, mündet nördlich des Dammschen Sees. Beide Oderarme sind durch ein kompliziertes Netz von Gräben und Wasserstraßen verbunden.

Westlich der Oder münden die Uecker, welche die Randow und Welse aufnimmt, weitgehend Grenzflüsse zwischen Pommern und Brandenburg, sowie die Peene in das weite Stettiner Haff.

Trebel und Recknitz entwässern in das pommersche Urstromtal, eine ausgedehnte Talniederung zwischen Vorpommern und Brandenburg, und bilden die Grenze nordwestlich von Demmin.

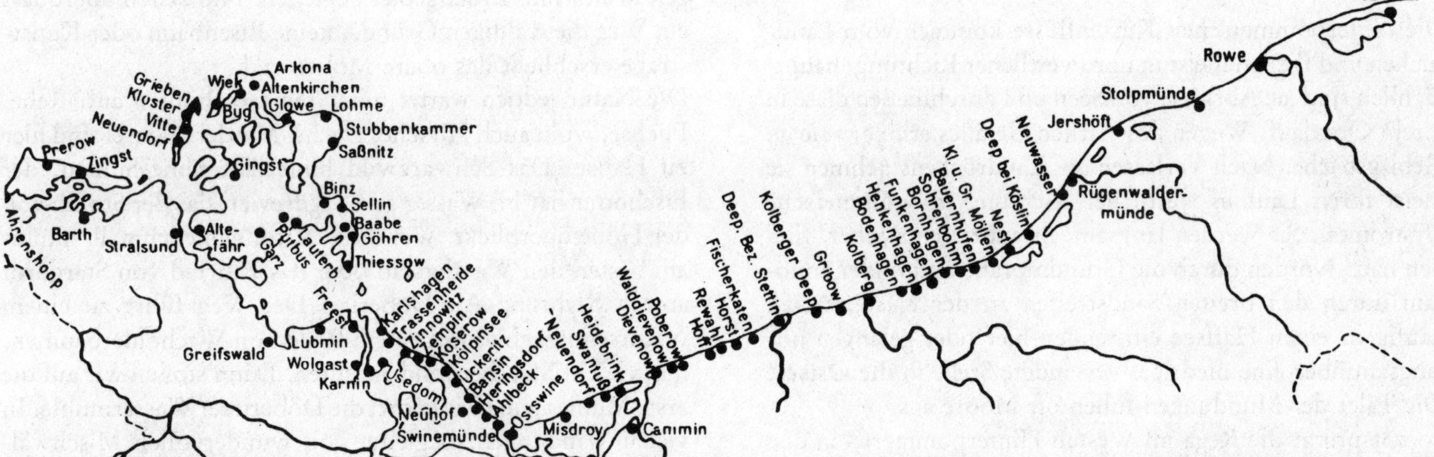

Bäder an der pommerschen Ostseeküste

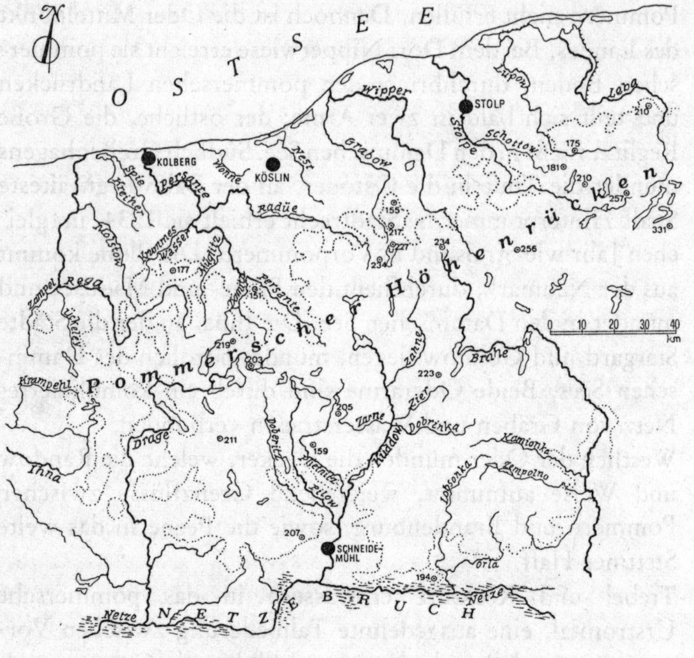

Flüsse eilen vom Höhenrücken

Die hinterpommerschen Küstenflüsse kommen vom Landrücken und fließen meist in nordwestlicher Richtung; hauptsächlich sind sie Abflüsse von Seen und durchfließen diese in ihrem Oberlauf. Wegen des starken Gefälles erinnern sie an Gebirgsbäche. Nach Verlassen des Landrückens nehmen sie meist ihren Lauf in westlicher Richtung ins pommersche Urstromtal. Sie werden langsam, mäandrieren stärker, fließen nach Norden durch die Grundmoräne und finden mühsam durch den breiten Sandstreifen an der Küste, treten häufig in einen Haffsee ein, enden hier oder gelangen nur langsam über eine niedrige, versandete Stelle in die Ostsee. Die Täler der Mündungen füllen oft Moore aus.

So entspringt die Rega im Westen Hinterpommerns in den Seen von Ritzig im Landrücken; in mehreren Krümmungen fließt sie zunächst im pommerschen Urstromtal nach Westen, dann nach Norden. Kurz vor der Mündung konnte sie keinen Ausfluß ins Meer finden; deshalb floß sie eine Strecke parallel zur Mündung und landete im Kamper See. Diesen Teil nennt man heute Alte Rega; sie fließt recht langsam, ihr Wasser ist trübe. Wegen des hohen Wasserpegels im Kamper See erfolgt sogar ein Rückfluß. Der neue Arm macht diesen parallelen Umweg nicht mit und fließt geradewegs beim Treptower Deep in die Ostsee. Die Rega ist 190 km lang und verbindet von der Mündung an die Städte Schivelbein, Labes, Regenwalde, Plathe, Greifenberg und Treptow. Der Fluß wird bei Lietzow südlich von Plathe und bei Schmalentin und Batzwitz südlich von Greifenberg zur Energiegewinnung gestaut.

Die Molstow, ein reizvoller Nebenfluß der Rega, entsprungen in der Gemarkung Natzmersdorff im Kreis Regenwalde, bildet sogleich den Grenzfluß zwischen diesem Kreis und dem Nachbarkreis Belgard. Während große Flüsse mehr verbinden als trennen, eignen sich kleine Flüsse, Brüche, Sümpfe oder Wälder, die natürliche Hindernisse für den Verkehr bilden, besser für Grenzen. Die Molstow erfüllt diese Voraussetzungen. Sie läßt sich von einem naturwüchsigen Wald- und Bruchgebiet begleiten. Nur selten überquert ein Weg die waldigen Gründe, keine Eisenbahn oder Kunststraße erschließt das obere Molstowtal.

Die Natur jedoch wartet mit ihren Geschöpfen auf. Rehe, Füchse, wohl auch Hirsche, Dachs, Marder, Wiesel sind hier zu Hause. Das Schwarzwild hinterläßt seine Suhlen, der Fischotter hat im Wasser sein Jagdrevier, das der Storch von der Höhe überblickt. Wer diese Natur genießen will, nimmt am besten den Wanderstab oder das Fahrrad von Stargordt aus in Richtung Alt Döberitz. Der Weg führt zu einem Naturschutzgebiet mit einem Wald von Wacholderbäumen, die wie ein Märchenwald anmuten. Dann stoßen wir auf die erste Mühle an der Molstow, die Döberitzer Wassermühle. In vielen Windungen, begleitet von wundervollen Mischwäldern aus Eichen, Buchen, Fichten und immer wieder auftretenden baumartigen Beständen von Wacholder, erreicht der Fluß den Kreis Kolberg. Der Waldbestand lichtet sich, weicht streckenweise ganz dem Ufer, und Wiesen und Koppeln mit den Schwarzbunten beleben die Landschaft. Steilufer wechseln mit Abhängen, und wir gelangen zum Brükkenkrug, einer alten Raststelle an der hinterpommerschen Kunststraße Stettin–Danzig.

Bis zur Mündung in die Rega zwischen Greifenberg und Treptow betrieb der Fluß noch vier Mühlen: die Jägliner, Kölpiner, Broitzer und Molstower Mühle; sie bestehen heute nicht mehr. In der Nähe der malerisch gelegenen Kölpiner Mühle und dem Dorf Streckentin liegen die Reste der »Manduwel-Raubritterburg«. 1432 zerstörten die Treptower diese Burg der Manteuffel, weil sie Raubzüge gegen ihre Stadt unternommen hatten. Bei Spielen in Burgnähe fühlten wir Kinder uns in alte Zeiten der Ritterburgen versetzt, und der klare Fluß lud zum Baden ein.

Einige Kilometer flußabwärts lag die Broitzer Mühle, die sich auch mit Holzschneiden beschäftigte, darauf folgte die Molstower Mühle. In einem Abstand vom Fluß liegt das Dorf Molstow. Etwas weiter flußabwärts und tief in Wiesen eingeschnitten gibt die anmutige Molstow ihr Dasein auf und überläßt ihr Wasser der größeren Rega.

Wie der Rega mit ihrer Molstow ergeht es weiter östlich in ähnlicher Weise der Persante mit der Radue, der Wipper mit der Grabow, der Stolpe, der Lupow und der Leba mit dem Brenckenhofkanal. Der Pommersche Höhenrücken bildet die große Wasserscheide. Wie die Küstenflüsse nach Norden fließen, nehmen andere Gewässer ihren Weg in Pommerns Süden und ins westpreußische Gebiet.

Die Drage entspringt in der Nähe Polzins, durchfließt den vielzackigen Dratzigsee, nach Osten folgt die Küddow mit ihren Nebenflüssen und schließlich die Brahe im äußersten Osten Pommerns; sie durchfließt den Großen Ziethener See, verläßt darauf Pommern und mündet in der Nähe Brombergs in die Weichsel.

POMMERLAND IST ABGEBRANNT

Maikäfer flieg!
Der Vater ist im Krieg.
Die Mutter ist in Pommerland,
Pommerland ist abgebrannt.
Maikäfer flieg!

Im Dreißigjährigen Krieg hatte das Land schwer gelitten, es war ausgeblutet und heruntergekommen, so daß man das hier wiedergegebene Lied überall hören konnte, wo deutsch gesprochen wurde. Pommerland ist jedoch wieder auferstanden, wie immer wieder in seiner Geschichte.

Nach der Eiszeit ist Pommern bald wieder besiedelt worden, nachdem die nach Süden zurückgewichenen Pflanzengemeinschaften und anschließend daran die Tiere die Landschaft wieder belebt hatten. Von dem heutigen Zustand müssen wir alle Veränderungen abziehen, die Menschenhand verursacht hat. Damals mußte man hart arbeiten, um zu bestehen. Werkzeuge halfen dabei.

Funde in heimatlicher Erde, die uns über die vorgeschichtlichen Zeiten manche Auskunft geben, bewundern wir in den Museen: aus der Stein-, Bronze- und Eisenzeit, aus der römischen Kaiserzeit und der Völkerwanderung. Ursprünglich war der Mensch Sammler, Fischer oder Jäger. Sein Haustier war der Hund, später in der Jungsteinzeit, als es wärmer geworden war, hatte er nach und nach Ackerbau und Viehzucht betrieben.

Auf Rügen können wir viele Hünengräber betrachten. Wie konnte der Mensch die schweren Findlinge, die die Eiszeit ins Land gebracht hatte, zu solchen Grabstätten aufrichten? Waffen, Schmuck, Speise und Trank hatte man den Toten mitgegeben. Neben den Hünengräbern gibt es »Hünenbetten« mit 20 bis 30 m langen und 4 m breiten Hügeln, die Findlinge umrahmen. Nach Angaben von Oscar Eggert (1974) gab es in Vorpommern noch 78 Großsteingräber. Da

man in ihnen bis zu 15 Skelette fand, glaubt man, Häuptlingsgrabstätten aus der Zeit um die zweite Hälfte des dritten Jahrtausends v. Chr. vor sich zu haben.
Wegen der Schnurmuster um die Tongefäße rechnet diese Kultur zur Oderschnurkeramik, die bis Ostpreußen reichte und nordischen Charakter verrät. Der Bernsteinschmuck war weit verbreitet (Bärenfigürchen aus Stolp); doch kannte man auch Amulette, Miniaturbeile und Fingerspiralen aus Gold.
Im Odermündungsgebiet trafen Steinzeitleute auf Menschen, die schöne Töpferwaren mit Bandmustern (Bandkeramik) verzierten. Man nimmt an, daß sie Verbindung zum donauländischen Kulturkreis hatten. Ackerbau betrieben sie mit Geräten aus Holz und Geweihen. Die geernteten Körner zermahlten sie zwischen Steinen und aßen sie als Brei oder Fladen. Um Rinder, Schafe und Ziegen hatten sich die Haustierarten vermehrt.
Aus der Steinzeit hat man Flintbeile, Flintmesser, Steinkistengräber, Steinbeile, Flintschaber und Sägen, Geweihhaken, Felsäxte, Flintmeißel, Steinkisten mit Skelett, Becher der Oderschnurkeramik, Knochenpfrieme und Lochäxte an 56 Fundstellen allein im Kreis Greifenberg gefunden. Während man über die Steinzeit trotz der vielen Funde noch wenig weiß, lichtet sich das Dunkel über der Bronzezeit. Da bildet sich in Pommern eine germanische Kultur heraus, im Odergebiet unter illyrischem Einfluß, der Lausitzer Kultur. Im zweiten Jahrtausend v. Chr. bewohnten Germanen ganz Pommern. Allein im Kreis Greifenberg machte man in 21 Orten Funde aus der Bronzezeit.

Steinkistengrab, Groß Rambin, Kreis Belgard

Auf Funde aus der Eisenzeit stieß man in 20 Orten dieses Kreises. Fünf reiche Fürstengräber in Lübsow enthielten römische Importe und germanische Beigaben.
Der Goldschatz von Hiddensee (um 2000 v. Chr.), das Grab einer wohlhabenden Germanenfrau, wurde durch einen Uferabsturz freigelegt. 1905 hat ein Leuchtturmwärter die Schätze entdeckt. Die Grabausstattung ist nach Dr. Petsch ungewöhnlich reich. In einem ausnehmend schönen und kostbaren Haushaltsgerät, dem »Henkelgußgefäß«, befand sich der Leichenbrand, das Beigefäß barg wohl die Wegzehrung. Bronzekasserolle, Napf und Henkelkännchen gehörten vermutlich zum Tafelgeschirr. Die beiden Spinnwirbel gaben ihr die Möglichkeit, im Jenseits die altgewohnte Tätigkeit des Spinnens auszuüben; die verschiedenen Gürtelbestandteile halfen ihr, für standesgemäße Kleidung zu sorgen, und das ihr mitgegebene Kästchen enthielt den Schmuck aus Edelmetall. Es ist erstaunlich, eine so fürstliche Ausstattung auf der von allem Verkehr abgeschirmten Insel zu finden.
Durch den Zweiten Weltkrieg ist viel pommersches Kunst- und Kulturgut verlorengegangen. Das Museum für Vor- und Frühgeschichte in Berlin büßte seinen Hauptbestand fast völlig ein. Es ist nicht bekannt, wieviel seit dem Abtransport zahlreicher Objekte in die Sowjetunion wieder nach Ostberlin zurückgekehrt ist. Der Einblick in das alte Inventarverzeichnis ist verwehrt. Eggers hat aufgrund von Aufzeichnungen während seiner Tätigkeit am Pommerschen Landesmuseum in Stettin einen Katalog aufgestellt, wonach etwa 5 200 pommersche Altertümer der Vor- und Frühgeschichte im Besitz des Berliner Museums gewesen sind.
Pommern zählte zum nordischen Kulturkreis. In der frühen

Bronzezeit (1000–750 v. Chr.) bewohnten Germanen die südliche Ostseeküste zwischen Oder und Weichsel. Von 750 bis 250 v. Chr. dehnten sich Ostgermanen über ganz Ostdeutschland und Polen aus. In Pommern wohnten Burgunder, Rugier vor allem in Hinterpommern, und Goten. Diese drängten die Burgunder nach Süden ab; im dritten und vierten Jahrhundert trafen sie im Rheingebiet ein. Die Goten wohnten bis 300 n. Chr. westlich, die Gepiden östlich der Weichsel. Goten und Gepiden vermittelten den Handel mit Bernstein, Pelzwerk und Frauenhaar mit gallischen und rheinischen Gebieten. Römisches Einfuhrgut fand man an vielen Stellen, darunter Münzen. Mit dem 6. Jahrhundert brechen die Funde ab.
Man weiß nicht genau, wann die Germanen Pommern verlassen haben. Die nordöstliche Ostmark wird im 5. Jahrhundert Rugiland genannt. Rugier erschienen an der Donau. Ein kleiner Teil wird zurückgeblieben sein. Germanenstämme halfen das Römische Reich zerstören. Odoaker, der den letzten weströmischen Kaiser absetzte, wurde 476 zum König ausgerufen; er soll Rugier gewesen sein, an anderer Stelle rechnet man ihn den Skiren zu.

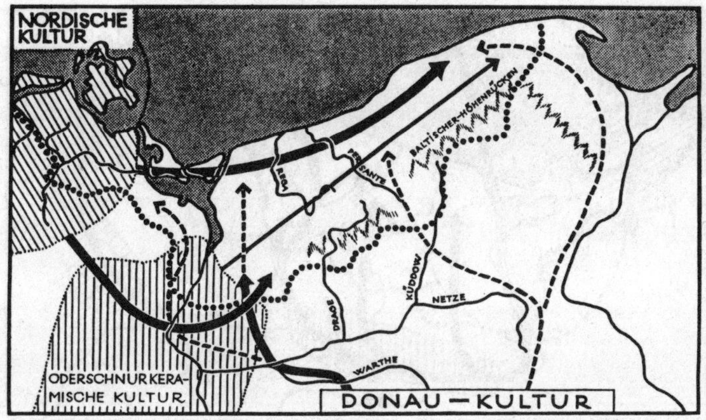

Drei Kulturen beeinflußten Pommern in der Jungsteinzeit

SLAWEN DRINGEN VOR

Die slawische Einwanderung ist im 6. und 7. Jahrhundert anzusetzen. Vermutlich haben die Slawen die Germanen nicht ganz verdrängt, da germanische Namen auf Überreste schließen lassen. Die Slawen zwischen Elbe und Weichsel bezeichnet man allgemein als Wenden. Der Name Pommern steht für die Bewohner am Meer bis hin zur Warthe und Netze; südlich davon wohnten die Bewohner des Landes, der Felder, die Polen. Wie die Russen zählen sie zu den Ostslawen. Zwischen Danzig und dem östlichen Hinterpommern waren die Kaschuben anzutreffen, am Lebasee die Slowinzen. Die Bewohner Vorpommerns und Mecklenburgs gehörten zu den Wilzen und Liutizen; Untergruppen wie die Tollenser oder die Ranen auf Rügen rechneten dazu. In Mecklenburg und Ostholstein hatten die slawischen Obotriten ihre Wohnsitze. Lübeck ist aus Liubice entstanden.
Kleine slawische Gruppen mögen auf ihrer Jagd nach Westen weitergezogen und bei den germanischen Überresten auf geringen Widerstand gestoßen sein. Erst allmählich bildeten sie verschiedene Stämme. Nach Vermischung mit der germanischen Restbevölkerung entstand das Volk der Pomoranen, sprachlich eine eigene Gruppe.
Sie wohnten, wie bei den Slawen üblich, an Flüssen und Seen, doch in weiten Wäldern, wo sie Bienenzucht und Kohlenbrennerei betrieben. Im Gegensatz zu anderen slawischen Gebieten hat man in Pommern zahlreiche Burgwälle festgestellt und dort Hacksilberfunde gemacht. Herzogsburgen kommen nicht vor; doch die Herzöge von Wollin, Stettin und Cammin hatten eigene Häuser. Witwensitze beherbergten Treptow an der Rega, Pyritz und Wollin. Städte hat es damals noch nicht gegeben.
Wegen seiner Salzquellen war Kolberg bekannt; arabische Münzen aus dem 9. Jahrhundert weisen auf lebhaften Handel

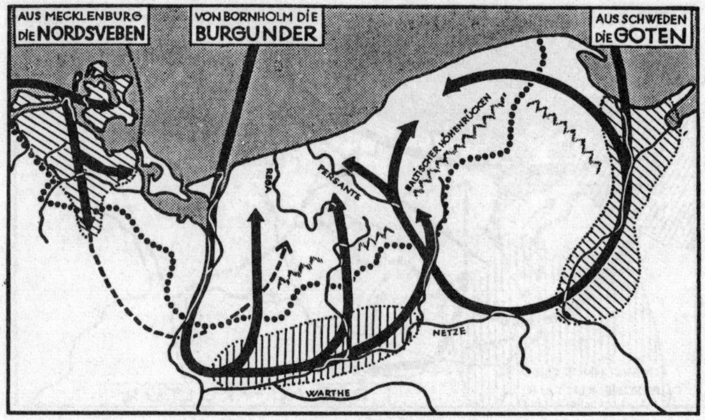

Germanen in Pommern

hin. Nach Bienenzucht, Fischfang und Jagd spielten im 10. und 11. Jahrhundert Handwerk und Landwirtschaft eine größere Rolle. Zum Ackerbau bediente man sich der Hacke, erntete mit der Sichel und mahlte mit Handmühlen.

Zur Bildung eines größeren Staates war es bei den Wenden nicht gekommen. Es hat jedoch kriegerische Auseinandersetzungen mit Heinrich I. und Otto dem Großen gegeben. So übertrug Otto den Oberbefehl gegen die Wenden dem Grafen Hermann Billung, der wohl die Herrschaft bis an die Peene und Ostsee halten konnte. Mit der Errichtung von Bistümern versuchte der Kaiser die Herrschaft vorzuschieben. 968 gründete Otto der Große das Erzbistum Magdeburg, dem alle Bistümer zwischen Elbe und Oder unterstanden.

WAR POMMERN POLNISCH?

Die Herrschaftsverhältnisse in Pommern vom 10. bis 12. Jahrhundert können wir hier nicht in ihrer ganzen Vielfalt behandeln. Dennoch müssen wir diese Zeit aufmerksam betrachten, weil das heutige Polen historische Besitzansprüche aus dieser Periode ableitet. Die pommerschen Herzöge hatten sich hauptsächlich gegen drei Feinde zu behaupten: Polen, Dänen und deutsche Fürsten.

Aus dem Dunkel der Geschichte trat Polen, als Mieszko I. 963 Herzog von Polen geworden war und einen Staat zwischen der mittleren Warthe und Weichsel mit Posen als Hauptstadt organisierte. Er geriet zunächst in eine nicht klar zu bestimmende Abhängigkeit des Deutschen Reiches. Mieszko dehnte seine Herrschaft auf Teile Pommerns und auf Schlesien aus; ein Vordringen bis zur Ostsee ist nicht anzunehmen. Die Odermündung versuchte er vergeblich an sich zu reißen. Seine Abhängigkeit vom Reich wurde im Jahre 986 klarer durch die Anerkennung der deutschen Lehnshoheit: Er mußte Tribut zahlen. In zweiter Ehe heiratete er die sächsische Fürstentochter Oda. Im ganzen galt er als Freund oder Getreuer des Kaisers. Zur Zeit Ottos des Großen gehörte kein Gebiet nördlich der unteren Warthe zu Polen (Eggert).

Mieszkos Sohn, Boleslaw I. (Chrobry, der Tapfere), war der bedeutendste Herrscher im Polen der Frühzeit. 992 wurde er Herzog, 1002 bis 1004 beherrschte er Böhmen und eroberte Kiew. Bisher unterstand die polnische Kirche dem Erzbistum Magdeburg. Das änderte sich, als Kaiser Otto III. nach Gnesen reiste und am Grab seines Jugendfreundes Adalbert von Prag im Jahr 1000 das Bistum Gnesen zum Erzbistum erhob und damit die polnische Kirche selbständig machte: eine Stärkung des polnischen Herrschers. Etwa um die gleiche Zeit wurde unter Bischof Reinbern das Bistum Kolberg gegründet und Gnesen unterstellt; es hatte jedoch keinen Bestand.

Viele Jahre kämpfte Pommern gegen Polen, ohne daß Boleslaw Chrobry eine dauernde Unterwerfung erreichte. Heinrich II. mußte gegen ihn drei Kriege führen und erkannte als erster deutscher König Polen als gleichgestellten Staat an. Auf Boleslaw I. folgte Mieszko II.; er mußte die Lehnshoheit

Kaiser Konrads II. anerkennen. Nach Mieszkos Tod brach die polnische Herrschaft zusammen, das Land verfiel wieder in Anarchie.
Eine weitere Gefahr Pommerns von seiten Polens zog herauf, als der Polenherzog Boleslaw III. im Jahre 1120 Stettin eroberte und der Pommernherzog ihn als Lehnsherrn anerkennen und Tribut zahlen mußte. Boleslaw griff über die Oder hinaus, die Stadt Anklam wurde abgebrannt. Bis zum Müritzsee soll er vorgedrungen sein. 1135 mußte er jedoch Kaiser Lothar von Sachsen fortan als Oberlehnsherrn anerkennen.
Polnische Stellen versuchen heute, Pommern als seit jeher polnisches Gebiet zu bezeichnen. Dazu drei Beispiele: Auf einem polnischen Briefmarkensatz steht: »Hier waren wir, hier sind wir, hier bleiben wir.« – Auf dem Transparent an der Jakobikirche in Stettin stand bei den Feiern zum 40. Jubiläum polnischer Verwaltung zu lesen: »Nach Jahrhunderten kehrte die Kirche hierher zurück.« – Auf Seite 2 bis 4 des polnischen Schulatlasses ist Pommern als polnisches Gebiet eingezeichnet mit Jahreszahlen vom 10. bis 12. Jahrhundert. Hier die Antworten:
Vom 10. bis 12. Jahrhundert haben Dänen, Polen und Deutsche um den Besitz Pommerns gerungen. Damals wechselten häufig die Lehnshoheiten: des Polenherzogs über Pommern ebenso wie die Lehnshoheit des deutschen Kaisers über Polen. Der Begriff Lehnshoheit bedeutet jedoch nicht Inbesitznahme oder Zugehörigkeit des einen Landes zum anderen Land; vielmehr ist Lehen (feudum) ein geliehenes Gut, dessen Empfang zu Hilfe und Treue (auxilium et consilium) verpflichtet.
Das 960 von dänischen Normannen begründete Polen unter Mieszko I. mußte die deutsche Lehnshoheit unter Otto dem Großen anerkennen und sogar Tribut zahlen. 968 gründete Otto das Erzbistum Magdeburg. Von hier aus begann die Christianisierung der Polen. Die polnische Kirche unterstand Magdeburg. Mieszko nahm 966 das Christentum an.
Kaiser Otto III. förderte die Loslösung Polens vom Reich, indem er um 1000 das Erzbistum Gnesen gründete und somit Polen kirchlich selbständig machte. Das Bistum Kolberg unter Bischof Reinbern gehörte dazu. Heinrich II. (1002–1024) erkannte als erster deutscher König Polen als gleichgestellten Staat an.
Mieszko II. mußte 1033 Polen als Lehen von Kaiser Konrad II. annehmen. Nach Mieszkos Tod brach die polnische Herrschaft zusammen.
Polen erkannte den deutschen Kaiser Heinrich III. (1039–1056) als obersten Lehnsherrn an. Kasimir von Polen erschien 1046 in Magdeburg und Meißen. Auch der Pommernherzog Zemuzil erkannte 1046 die Lehnshoheit des Kaisers an.
1120 eroberte zwar der Polenherzog Boleslaw III. Stettin und erreichte vom Pommernherzog die Anerkennung der polnischen Lehnshoheit. Auf dem Reichstag zu Merseburg (1135) mußte Boleslaw jedoch seinerseits König Lothar von Sachsen als Oberlehnsherrn anerkennen.
Die Pommernherzöge Kasimir I. und Bogislaw I. erkennen die Lehnshoheit Heinrichs des Löwen 1164 an. 1181 belehnt Kaiser Friedrich Barbarossa den Pommernherzog Bogislaw I. mit Pommern. Polen anerkennt die Oberhoheit des Kaisers.
Deshalb widersprechen die Sätze »Hier waren wir« oder »Nach Jahrhunderten kehrte die (polnische) Kirche hierher zurück« der historischen Wahrheit. Pommern war also niemals polnisch und Polen trotz der häufigen Lehnshoheiten der deutschen Kaiser über polnische Herrscher niemals deutsch.
Gerade die leidgeprüften Völker Europas, denen das unerbittliche Rad des Schicksals strahlende Siege und schmachvolle Niederlagen bescherte, sollten die Worte Philipp von Bismarcks, Sprecher der Pommern, beherzigen: »Wahrheit ist die einzige Möglichkeit der Versöhnung.« Der Streit, ob Kaiser Friedrich I. (Barbarossa) Bogislaw I. (1181) nur mit Pommern belehnt oder ihn zum Reichsfürsten erhoben habe,

ist nicht entscheidend. Einleuchtende Gründe gegen die Erhebung in den Reichsfürstenstand können nach R. Benl und anderen (Baltische Studien, Band 72) nicht beigebracht werden.

DEUTSCHES LAND

In der zweiten Hälfte des 12. Jahrhunderts hatte Pommern von seiten Polens Ruhe, da die innerpolnischen Wirren weitere Angriffe nicht erlaubten. Somit kann die Zeit vom 10. bis 12. Jahrhundert mit dem Wort von Gallus charakterisiert werden: »Poloni gloriam appetant, Pomorani libertatum defendebant.« (Die Polen erstrebten Ruhm, die Pommern verteidigten die Freiheit.)

Die verschiedenen Völker in seinem Reich durch eine gemeinsame Idee, das Christentum, zu verbinden, war das Ziel Karls des Großen. In der Gründung des Erzbistums Magdeburg (968) sah Otto der Große die Zielsetzung gegenüber dem Osten. König Boleslaw III. von Polen glaubte ebenfalls, bei seinem Siegeszug nach Westen über die Oder hinaus die slawischen Völker an sich zu fesseln. Unter der noch kleinen polnischen Geistlichkeit kannte er jedoch keine Persönlichkeit, die auf die mißtrauischen Pomoranen hätte Einfluß gewinnen können.

Bischof Otto von Bamberg

So bewog er Otto von Bamberg, eine Missionsfahrt nach Pommern zu unternehmen. Er versprach ihm, die Kosten zu tragen und Reisegefährten und Dolmetscher zu stellen. Sein Brief schloß mit den Worten: »Entschließe Du, heiliger Vater, Dich nur zu kommen.« Bischof Otto war in jungen Jahren in Polen gewesen und hatte die Sprache des Landes erlernt. Mit päpstlicher und kaiserlicher Erlaubnis nahm er das Angebot an und traf mit seinem Gefolge in Gnesen ein. Bei Zantoch wurde Herzog Wartislaw von Pommern das Eintreffen Ottos gemeldet. Er gab Otto eine Schutzwache und einen Geleitbrief mit. Der Zug ging durch die großen Wälder, die Pommern von Polen trennten, in Richtung Pyritz. Nach anfänglichen Schwierigkeiten ließen sich viele taufen. Darauf zog Otto nach Cammin. Herzog Wartislaw und die Herzogin ließen sich taufen. Wartislaw erklärte, er wolle seine 24 Nebenfrauen entlassen. Andere Vornehme folgten seinem Beispiel.

Dagegen war Ottos Besuch in Wollin erfolglos und sein Leben in höchster Gefahr. Die Obersten erklärten sich schließlich bereit, das Christentum unter der Bedingung anzunehmen, daß die Stettiner ein Beispiel gäben. Aus diesem Verhalten kann man folgern, daß Wollin seinen Großstadtcharakter bereits verloren hatte.

Günstiger verlief Ottos Mission in Stettin. Er ließ die Heiligtümer der heidnischen Götter zerstören. Als diese schwiegen, griff die Bevölkerung selbst zu, um das Holz der Heiligtümer als Brennholz mit nach Hause zu nehmen. Ottos Zug führte über Wollin, wo er zu Ehren der Heiligen Albert und Georg eine Kirche (die spätere Georgskirche) erbauen ließ und vor den Toren der Stadt zu Ehren des hl. Petrus und des

Erzengels Michael eine Kirche (später Michaeliskirche) gründete. Dann zog er weiter in die Nähe von Klötkow oder Zirkwitz. Daran erinnert der Ottobrunnen in Zirkwitz. Die deutsche Inschrift, die deutsche Besucher vor einigen Jahren mit weißer Farbe angebracht hatten, war noch im Sommer 1986 unversehrt, obwohl man sonst versucht, jeden deutschen Hinweis auszulöschen.

Otto hat weiter mit Erfolg missioniert. Seine Biographen halten als Ergebnis seiner Reise von 1124/25 die Gründung von elf Kirchen und Tausende von Getauften fest. Schon sehr bald nach seiner Abreise zerfiel sein Werk. Da die kirchliche Organisation der christlichen Gemeinden nicht stark genug war, kehrten die Pommern zu ihren alten Göttern zurück. Herzog Wartislaw bat Otto wiederzukommen. Dieser wandte sich an Kaiser Lothar von Sachsen um Unterstützung seiner Reise. Mit 30 bis 50 Wagen begann 1128 die Fahrt nach Vorpommern. Boleslaw III. von Polen mißbilligte das Unternehmen und wollte einen neuen Kreuzzug gegen Pommern unternehmen, doch Otto konnte ihn umstimmen. Otto suchte Orte seiner früheren Mission auf. In Stettin ließ er die Kirchen wieder aufbauen und das Heiligtum des Gottes Triglaw zerstören.

Durch Ottos zweite Reise hatte sich das Christentum in Mittelpommern gefestigt. Diesmal hatte er nur deutsche Geistliche mitgenommen. Die Wenden erhofften sich durch die Verbindung mit den Deutschen Vorteile. Ottos Ziel war die Errichtung eines Bistums. Wegen des Streits, ob das Bistum Gnesen oder Magdeburg unterstehen sollte, – Otto hat es nicht mehr miterlebt – wurde das pommersche Bistum unmittelbar (exemt) dem Papst unterstellt und die Adalbertskirche in Wollin Bischofssitz. Nach der Verlegung des Bistums nach Cammin konnte die kirchliche Organisation durch deutsche Geistliche vorangehen. Weitere Klostergründungen folgten, so das Zisterzienserkloster Kolbatz (1173) durch dänische Mönche. Im Landbezirk des Klosters siedelten größtenteils deutsche Bauern. Kolbatz entwickelte sich zum

Grabstein des Abtes Johannes VII. von Eldena

reichsten Kloster Pommerns. 1177 gründeten die Dänen das Prämonstratenserkloster in Belbuck, wozu zehn Dörfer gehörten.

Den Pomoranen drohte auch von Norden her die Unterwerfung. Wikinger aus Dänemark und Norwegen waren schon im 9. Jahrhundert ins Land gedrungen. Sie suchten Stützpunkte an der Küste für ihre Unternehmungen. Dabei spielte Jomsburg, das spätere Wollin, eine Rolle. Man nimmt an, daß von hier aus die Wikinger ihre Herrschaft in der Ostsee ausbauten. In den Nachrichten über diese Zeit mischt sich Historisches mit der Sage.

Die Vinetasage spricht von einer reichen Stadt, in der die Menschen mit prächtigen Kirchen und Marmorpalästen protzten. Zu bestimmter Zeit oder nur für Sonntagskinder

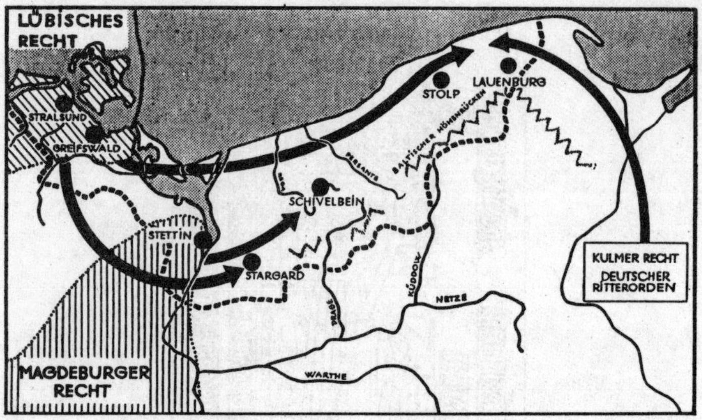

Zugrichtungen deutscher Siedler und ihre Stadtrechte

vernehmbar dringe vom Grund der See der Glockenton der Kirchen, was Glück und Erlösung bedeute. Daneben verherrlichen eine Reihe nordischer Sagas die wikingische Jomsburg, die angeblich größte Stadt Europas. Dieser heidnische Männerstaat sei ordensmäßig organisiert im Gau Jom des Wendenlandes und biete Waren für Kaufleute aller Länder feil.

Allgemein wird Jomsburg mit Julin gleichgesetzt. Für die dänische Geschichtsschreibung ist das reiche Julin Vorort von Stettin. Da für Historiker die Namen Jomsburg/Jumne (Jumneta) mit Julin/Wollin identisch sind, bedeuten die germanische und die slawische Bezeichnung denselben Ort. Nach Ausgrabungen seit 1934 hat sich eine große Siedlung der Wikinger und Wenden etwa 4 km an der Dievenow entlanggezogen. Die alte Stadt Julin hat viele Zerstörungen erlebt; das heutige Wollin steht auf einem Schutthügel seiner Vorgänger.

Im Zuge der Auseinandersetzungen zwischen den Dänen und dem Pommernherzog fuhr Bogislaw I. von Pommern 1184 mit seiner stattlichen Flotte gegen die Dänen, wurde aber in der Greifswalder Bucht entscheidend geschlagen; nur mit Mühe entkam er. Die Dänen griffen Usedom an, plünderten das Land und zerstörten Wollin. Nach weiteren Angriffen der Dänen mußte Bogislaw 1186 sein Land vom Dänenkönig als Lehen nehmen. Erst durch die Niederlage der Dänen (1227) bei Bornhöved in Schleswig-Holstein verzichtete Waldemar von Dänemark auf die Wendenländer an der Ostsee. Nur das Fürstentum Rügen hielt Beziehungen zu Dänemark aufrecht. 1231 verlieh Kaiser Friedrich II. dem brandenburgischen Markgrafen die Lehnshoheit über Pommern. Die beiden Pommernherzöge haben sich anfangs nicht geweigert, weil diese Oberhoheit gleichzeitig Schutz gewährte.

Die Christianisierung brachte dem Land zunächst nur wenig deutsche Siedler. Während bei den Klöstern Stolpe (1153) und Grobe (1155) die Deutschen etwas Einfluß besaßen, waren die Klöster Dargun (1172), Kolbatz (1173), Belbuck (1178), Bergen (1193) und Eldena (1199) zuerst mit dänischen Mönchen und Nonnen besetzt. Die Dänen verließen jedoch nach wenigen Jahrzehnten die Klöster, und Deutsche zogen ein. Nach Belbuck kamen Friesen und ins Frauenkloster Marienbusch bei Treptow an der Rega friesische Nonnen, die Bauern aus ihrer Heimat nachzogen. Die Zisterzienser leisteten Kulturarbeit und gingen daran, Wiesen und Felder zu entwässern, die Wasserkraft zu nutzen und Mühlen und Hammerwerke zu gründen. Auf diese Weise hat das Kloster Kolbatz den Pyritzer Weizacker geschaffen. Das niedersächsische Bauernhaus verbreitete sich in einem schmalen Streifen an der Ostseeküste, südlich davon das fränkische Bauernhaus.

Der erste deutsche Ort, »villa Theutonicorum« (Deutschendorf), wird schon in der Gründungsurkunde des Klosters Kolbatz genannt. Bis 1250 waren in Vorpommern acht Städte, im Odergebiet Hinterpommerns dagegen nur eine Stadt gegründet worden, in den nächsten 30 Jahren in Hinterpommern zwölf Städte und in Vorpommern nur sechs.

Deutsche Städtegründungen in Pommern vor 1500

Stralsund	1234	Gollnow	1268	Usedom	1298	Falkenburg	1333
Bahn	1234	Arnswalde	um 1290	Belgard	1299	Polzin	1335
Loitz	1242	Friedeberg	1260/70	Nörenberg	um 1300	Jakobshagen	vor 1336
Stettin	1243	Cammin	1274	Tempelburg	um 1300	Freienwalde	1338
Treptow/Tollense	um 1245	Massow	1276	Kallies	1303	Bublitz	1340
Demmin	1249	Treptow/Rega	1277	Deutsch Krone	1303	Lauenburg	1341
Gartz	1249	Ueckermünde	um 1276	Jarmen	um 1305	Zanow	1343
Greifswald	1250	Wollin	vor 1277	Tütz	1306	Bütow	1346
Pasewalk	1250	Plathe	1277	Daber	vor 1331	Fiddichow	1347
Stargard	1253	Regenwalde	1282	Körlin	1308/1385	Schlochau	1348
Greifenhagen	1254	Penkun	vor 1284	Naugard	1309	Neuwedel	um 1350
Barth	1255	Tribsees	1285	Stolp	1310	Gützkow	vor 1353
Kolberg	1255	Bärwalde	1286	Neustettin	1310	Preußisch Friedland	1354
Wolgast	vor 1257	Grimmen als Siedlung	um 1267	Rügenwalde	1271/1312	Leba	1357
Damgarten	1258	als Stadt	1304	Woldenburg	vor 1313	Flatow	1370
Pölitz	1260	Lassan	um 1291	Märkisch Friedland	1314	Schneidemühl	1380
Altdamm	1260	Neuwarp	um 1295	Pollnow	1317	Hammerstein	1395
Greifenberg	1262	Labes	1295	Driesen	1317	Baldenburg	1395
Pyritz	1263	Schivelbein	vor 1296	Schlawe	1317	Krojanke	1420
Anklam	vor 1264	Reetz	vor 1296	Garz	1319	Wangerin	vor 1460
Köslin	1266	Dramburg	1296	Schloppe	um 1330	Zachan	1487

Nach 1500 sind gegründet worden:

Ratzebuhr	1547
Franzburg	1587
Jastrow	1602
Bergen	1613
Rummelsburg	1617
Schönlanke	1631
Swinemünde	1765
Landek	1775
Grabow	1853
Kreuz	1936

Die niedersächsische Kolonisation mit Lübecker Stadtrecht ging an der Küste entlang bis nach Hinterpommern, die mitteldeutsche mit Magdeburger Recht über die untere Oder nach Osten. Die Länder Lauenburg und Bütow erhielten durch den Deutschen Ritterorden Kulmer Recht. Neben bäuerlicher Bevölkerung ließen sich Händler und Handwerker nieder, es entstanden blühende Städte. Mauern, Türme, Tore, stattliche Kirchen und Rathäuser beschirmten die Menschen. Die Siedler brachten ihre Sprache, Sitten, Trachten und Sagen mit. Durch Vermischung mit den Wenden entstand pommersches Volkstum. Reste von Kaschuben, die sich zu Deutschland bekannten, hatten sich im östlichen Hinterpommern gehalten.

DIE HANSEZEIT

Die Teilung des Landes (1295) in die Herzogtümer Stettin und Wolgast schwächte die pommersche Herzogsmacht. Die Landesherren verkauften Rechte an Adel und Städte, dazu kamen Streitigkeiten mit Brandenburg. Rechtlosigkeit und Raubrittertum nahmen zu, so daß sich pommersche Städte schon vor 1300 zur Sicherung der Landstraßen und des Handelsverkehrs verbanden. Der Schutz gegen Seeräuberei, an der sich sogar Fürstenhäuser beteiligten, machte den Zusammenschluß zur Hanse notwendig. Kaiser und Reich ließen dem Bund ihre Fürsorge angedeihen. Bis 1250 konnte sich der friedliche Handel von Flandern über Norddeutschland an der Ostseeküste entlang bis zu Oder und Weichsel und nach Livland hin ausdehnen. Dadurch kamen die Städte unter Führung Lübecks zu Wohlstand und Macht. Fast alle größeren Städte Pommerns hatten sich der Hanse angeschlossen: Stralsund, Demmin, Greifswald, Wollin, Anklam, Stettin, Stargard, Gollnow, Belgard, Cammin, Treptow an der Rega, Greifenberg, Kolberg, Köslin, Schlawe, Rügenwalde, Stolp.

Koggensiegel der Stadt Stralsund

Gegenüber den Hansestädten betrieben die pommerschen Herzöge oft eine feindliche Politik, so daß die Städte ihre eigenen Interessen im In- und Ausland vertreten mußten. Doch die Übergriffe der Dänen im Ostseehandel und Überfälle auf die Schiffe im 13. Jahrhundert ließen den Städten einfach keine andere Wahl. »Wir gehören zusammen wie die Arme des Gekreuzigten«, schrieb die Stadt Reval an Lübeck. Der Grundsatz »Lasset uns tagfahrten« bedeutete zunächst Verhandlungsbereitschaft; erst wenn friedliche Mittel versagten, sollten die Waffen entscheiden.

Der Höhepunkt der Hansegeschichte kam 1370 im Frieden von Stralsund zum Ausdruck, als sich der Dänenkönig Waldemar IV. beugen und der Hanse ein Mitspracherecht in der dänischen Thronfolge einräumen mußte. Im großen Saal des Rathauses zu Stralsund fand die Unterzeichnung statt; großen Anteil daran hatten der Lübecker Bürgermeister Jakob Pleskow und Stralsunds Bürgermeister Bertram Wulflam. Durch diesen Friedensschluß war die Hanse Herrin der Ost- und Nordsee geworden. Während die vorpommerschen Städte in Stralsund ihre Führerin sahen, wandten sich die hinterpommerschen an Kolberg. Dennoch war Stralsund Vorort aller pommerschen Hansestädte, denn Stettin hatte sich nicht in eine ähnliche Rolle hineingefunden. Aufgrund seiner Lage an der Odermündung war es Umschlagplatz für Getreide aus dem weiten Hinterland und gleichzeitig Lieferant von Salzheringen. In die Hansezeit fällt die Gründung der Universität Greifswald (1456), nach Rostock die älteste Hochschule Norddeutschlands, mit deren erstem Rektor Heinrich Rubenow.

In ihrer Blütezeit umfaßte die Hanse alle namhaften Städte bis zur Linie Köln – Dortmund – Göttingen – Halle – Breslau – Thorn – Dünaburg – Dorpat. Ihre Zeit war abgelaufen, als sich nach der Entdeckung Amerikas und des Seeweges nach

Indien die Schwerpunkte des Handels nach Westen verlagerten und Dänemark, Schweden und Norwegen sich zu einem Staatenbund gegen die Hanse vereinigten. Hinzu kam der Egoismus einzelner Hansemitglieder. Vier Jahrhunderte lang hatte die Hanse als friedliche europäische Macht gewirkt. Großartige Zeugnisse bedeutender Künstler hat sie in den gotischen Stadtbildern Pommerns hinterlassen, ein Lebensgefühl für europäische Weite und Ausstrahlung in den europäischen Osten.

SCHWACHES HERZOGSHAUS

Während an der Spitze pommerscher Städte tatkräftige Männer standen, wie die Bürgermeister Bertram und Wulf Wulflam in Stralsund oder Heinrich Rubenow in Greifswald, brachte das pommersche Herzogshaus in dieser Zeit schwache Männer hervor, die ihr Ansehen im Streit zwischen den Familienzweigen schwächten, in ihrer Haltung gegenüber Dänemark, Schweden und Polen schwankten und sich selbst mit dem streitlustigen Adel an Raubzügen beteiligten. Auch dem ehrgeizigen Erich I. gelang es nicht, nach dem Tode der nordischen Unionskönigin als König von Dänemark, Schweden und Norwegen seine Pläne für ein baltisches Imperium zu verwirklichen; er nahm ein tragisches Ende und starb 1459 in Rügenwalde. Herzog Erich II. setzte die unwürdige Politik seiner Vorgänger fort. Im Kampf Polens gegen den Deutschen Ritterorden, der im östlichen Pommern großen Einfluß ausübte, spielte der Pommernherzog auf undurchsichtige Weise eine unrühmliche Rolle zugunsten Polens, aus dessen Händen er nach der siegreichen Schlacht über den Deutschen Ritterorden bei Tannenberg (1410) die dem Orden abgenommenen Länder Lauenburg und Bütow als Lehen empfing.

Mit dem jungen Herzog Otto III. starb 1464 die Stettiner Linie des pommerschen Herzogshauses aus. Damit begann

H. Rubenows Denkstein, Greifswalder Marienkirche

der lange Erbfolgestreit zwischen Brandenburg und der Wolgaster Linie der pommerschen Herzöge, die sich für erbberechtigt hielt. Erst Bogislaw X. konnte 1478 Pommern wieder durch vorübergehende Anerkennung der brandenburgischen Lehnshoheit vereinigen, stets in dem Bestreben, vom Kaiser die Belehnung mit einem Reichstagssitz zu erhalten.

Der Herzog stärkte die landesherrlichen Rechte, setzte in die fürstlichen Besitzungen Hauptleute oder Vögte ein, regelte das Finanz- und Gerichtswesen, zog tüchtige Adlige an die Verwaltung heran, bot dem Räuberwesen Einhalt und schuf somit die Grundlage für einen Staat absolutistischer Prägung. Er unternahm eine Fahrt zu Kaiser Maximilian I., ins Heilige Land und nach Rom (1496–1498). In Stettin entstand eine

feste Residenz mit einem Hofstaat. Bogislaw, bedeutendster Herrscher unter den Pommernherzögen, starb 1523, ehe er seine Reformen durchführen konnte; religiöse Unruhen begannen sich auszubreiten.
Für die neue Lehre hatte er kein Verständnis, das zeigte sich in den Erlassen von 1523 gegen das Auftreten der »aufrührerischen Prediger und verlaufenen Mönche«. Die Entwicklung war aber nicht mehr aufzuhalten. Seine Nachfolger, die gemeinsam regierenden Söhne Herzog Georgs I. und Herzog Barnims IX., konnten die Unruhen auch nicht dämpfen; die staatliche Autorität war wieder gesunken. In Stralsund, Greifswald und Stettin fühlten sich katholische Geistliche trotz des herzoglichen Schutzes nicht mehr sicher. Die geistliche Verwaltung löste sich auf. Nach dem frühen Tode

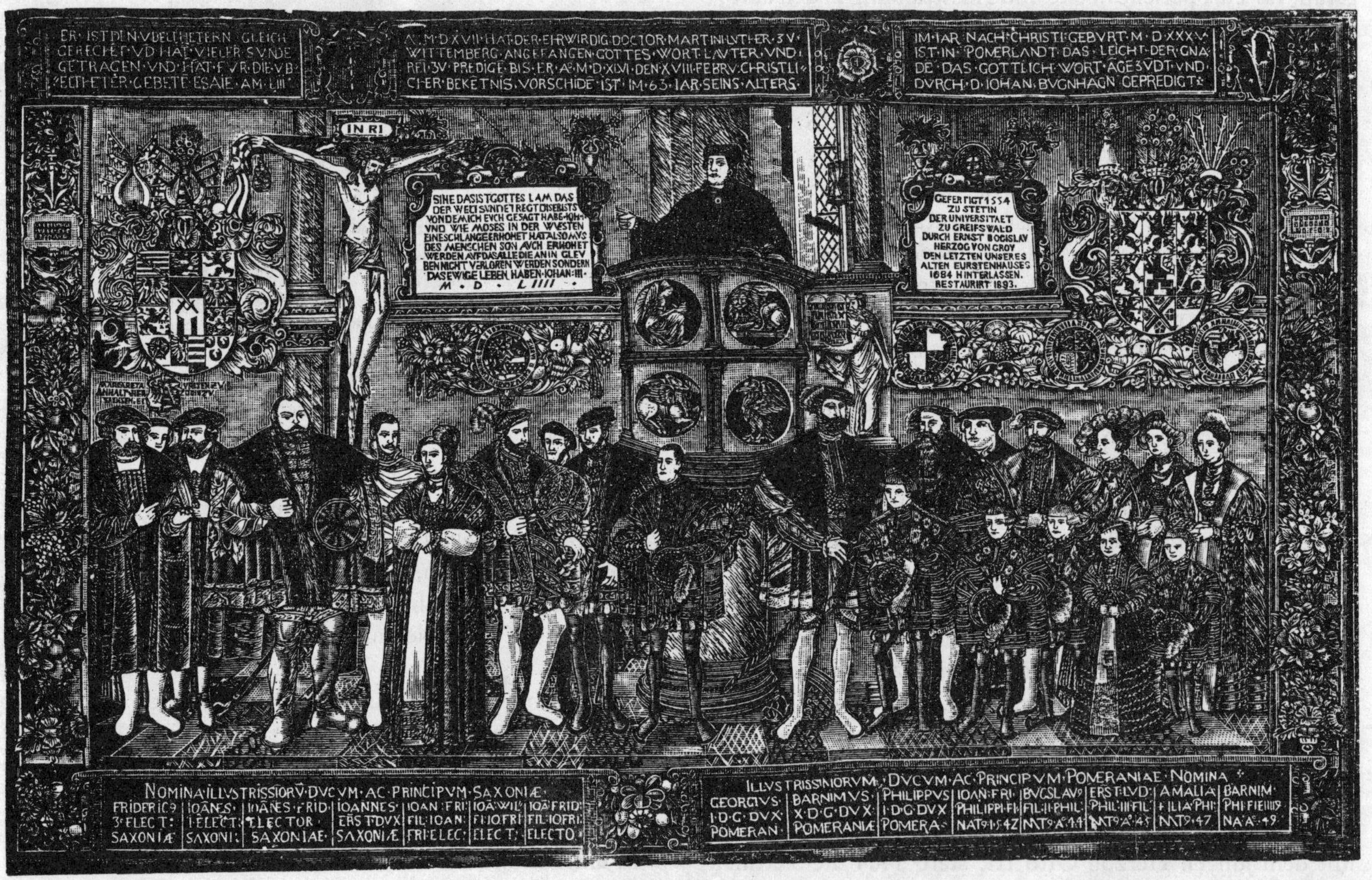

Der berühmte Croy-Teppich

Georgs I. konnte sich Barnim mit dessen Sohn Philipp schnell über den weiteren Verlauf der Kirchenfrage einigen. Beide beriefen im Dezember 1534 einen Landtag nach Treptow an der Rega ein und luden Luthers engsten Mitarbeiter, den in Wollin geborenen Johannes Bugenhagen, dazu ein. Als Landtagsbeschluß verkündigten sie die von Bugenhagen verfaßte »Kerken-Ordeninge des gantzen Pomerlandes« vom Jahre 1535.

Die evangelische Kirche in Greifswald hat 1985 des 500. Geburtstages ihres Landsmannes Bugenhagen gedacht, zugleich des Treptower Landtagsbeschlusses über die Durchführung der Reformation in Pommern. Daß der jahrzehntelang gemiedene Name Pommern – unter Wahrung der geltenden Ideologie – in Wort und Schrift von offizieller Seite wieder genannt werden durfte, läßt ein gewisses Umdenken gegenüber Luther, Bismarck und Friedrich dem Großen erkennen.

Die Pommern ehren ihren Landsmann Bugenhagen mit dem Ehrennamen Dr. Pomeranus. Der plattdeutschen Mundart hat er durch die Bibelübersetzung ins Niederdeutsche einen Dienst erwiesen. In das kirchliche Leben kam durch Visitationen mit der Zeit Ruhe, man hielt am strengen Luthertum fest; der Katholizismus hatte in Pommern keine Zukunft mehr. Wissenschaft und Künste standen am Hof Philipps II. in Blüte.

VERLUST DER SELBSTÄNDIGKEIT

Vom 10. bis 12. Jahrhundert hatten sich die Pommernherzöge mit Erfolg gegen Polen gewehrt. Dänemark war 1227 durch die Schlacht von Bornhöved als Gegner ausgefallen, und gegen Brandenburg mußten die Pommernherzöge seit 1231 ihre Selbständigkeit im Reich unter großen Anstrengungen verteidigen. Im Vertrag von Grimnitz (1529) wandelte sich das Gegeneinander zwischen Pommern und Branden-

Lucas Cranach d. Ä.: J. Bugenhagen, Reformator Pommerns

burg in ein Miteinander. Die Hohenzollern erkannten die Unabhängigkeit Pommerns innerhalb des Reiches an, und Pommern sprach im Falle des Erlöschens der pommerschen Dynastie den Hohenzollern das Erbrecht zu.

Dieser Erbfall sollte viel schneller als erwartet eintreten. Philipp II. starb 1618 kinderlos. Das Herzogshaus, einst ein weitverzweigtes Geschlecht, hatte 1625 nur noch einen einzigen männlichen Nachkommen, Herzog Bogislaw XIV. Damit war Pommern wieder vereinigt. Doch der Herzog, ein schwacher Fürst, war ängstlich auf Neutralität bedacht. Gewisse Verfassungsänderungen konnte er gegen den Widerstand der Stände und wegen der Kriegsereignisse nicht durchsetzen. Die Pommern begrüßten die Landung des Schwedenkönigs Gustav Adolf in Peenemünde (1630), wollte er doch den evangelischen Glauben in Deutschland schützen.

Bald gehörte Pommern jedoch zu den deutschen Gebieten, die über 60 v. H. der Bevölkerung verloren, überwiegend durch die Kriegswirren und in deren Gefolge auftretende

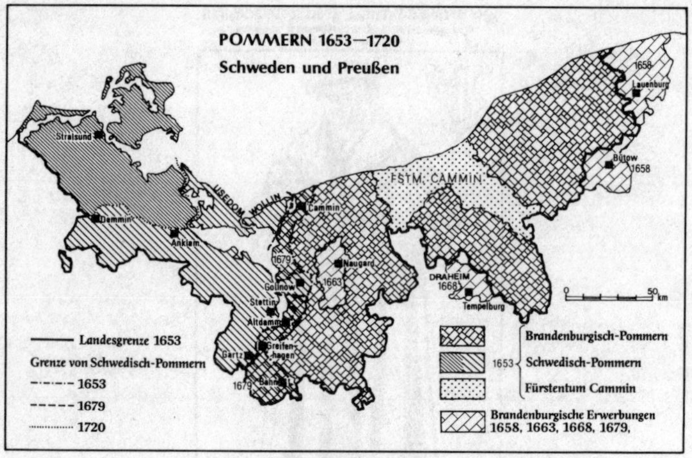

Schweden und Preußen in Pommern

Seuchen und Hungersnöte. »Pommerland war abgebrannt!« Die schwächliche Neutralitätspolitik hatte sich nicht bezahlt gemacht. Nun zwangen die Schweden den Pommernherzog zu einem Bündnis. Als Bogislaw XIV. 1637 starb und mit ihm die Dynastie des Greifenhauses erlosch, hinderten die Schweden den Kurfürsten Georg Wilhelm von Brandenburg, von dem ihm zustehenden Erbe Besitz zu ergreifen.

Seinem Nachfolger, dem Großen Kurfürsten Friedrich Wilhelm (1640–1688), gelang es lediglich, 1653 Hinterpommern mit dem Bistum Cammin zu gewinnen. Vorpommern mit Stettin und selbst ein Landstrich östlich der Oder, des Großen Haffs und der Dievenow fielen an Schweden. So gehörte nur die Hälfte Pommerns weiterhin zu Deutschland. Dennoch blieb auch Vorpommern staatsrechtlich im Verbunde mit Deutschland; denn Schweden hatte die Reichsstandschaft erworben. Tatsächlich aber befand sich das Land in fremder Hand. 1658 konnte der Große Kurfürst von dem mit Schweden im Krieg befindlichen Polen das Gebiet von Lauenburg-Bütow zurückgewinnen, das es 1637 an sich gerissen hatte, später noch das Land Tempelburg.

Seine Versuche, ganz Pommern zu erhalten, scheiterten. Zweimal hatte er Vorpommern, wichtigstes Verbindungsstück zwischen Brandenburg und Hinterpommern, erobert (Eroberung Stettins 1677) und zweimal wieder herausgeben müssen. Gerade nach der Schlacht von Fehrbellin (1675) hoffte er sein Ziel zu erreichen. Aber im Frieden von Saint Germain (1679) widerstanden der deutsche Kaiser und Ludwig XIV. von Frankreich seiner Forderung. Friedrich Wilhelm behielt von den Eroberungen lediglich einen schmalen Streifen Landes auf dem rechten Oderufer mit Fiddichow, Bahn, Greifenhagen und Cammin. Altdamm, Gollnow und Stettin blieben noch schwedisch. »Möchte doch aus meinem Stamme der Rächer kommen«, waren seine Worte bei der Unterzeichnung der Friedensurkunde.

Kolberg, dem einzigen Hafenplatz in dem dazugewonnenen Hinterpommern, schenkte der Große Kurfürst seine Aufmerksamkeit. Mit Hilfe des holländischen Reeders Benjamin Raule hatte er eine brandenburgische Kriegsflotte aufgebaut, verstärkt durch schwedische Kriegsschiffe, die 1676 die Dänen aus dem Gros der schwedischen Flotte in den Kämpfen zwischen Rügen und Bornholm abgetrennt und als Beute nach Kolberg eingebracht hatten. Hauptstützpunkte der kurbrandenburgischen Flotte blieben jedoch Pillau und Königsberg weit im Osten. Trotzdem verspürte Kolberg mit Kriegsmarine, Handelsschiffahrt und Kolonialbesitz in Westafrika etwas von der Seemacht.

Die Friedenszeit nützte der Große Kurfürst zum Aufbau Hinterpommerns; in Stargard hatte die brandenburgische Verwaltung ihren Sitz und führte trotz des Widerstandes der Stände Kontribution und Akzise ein, nahm den Adel stärker in den Staatsdienst, schuf eine Ritterakademie und eine Kadettenkompanie in Kolberg, wo sich die Söhne der Junker an den Dienst für den Souverän gewöhnen sollten.

Handel und Verkehr erlebten einen Aufschwung, man verbesserte Straßen und Wasserwege, Domänen und Bauern erhielten Hilfe. 20000 wegen ihres Glaubens in Frankreich verfolgte Flüchtlinge (Refugiés) nahm Brandenburg auf. Da es sich meist um Kaufleute und Handwerker handelte, brachten sie Stargard und Stolp wirtschaftliche Blüte. Schwedisch Pommern blieb jedoch in der Entwicklung zurück.

AUS POMMERN WERDEN PREUSSEN

Da der Kurfürst von Brandenburg in (Ost-)Preußen Souverän war, konnte sich Friedrich III., Sohn des Großen Kurfürsten, in Königsberg am 18. Januar 1701 zum «König in Preußen» krönen. Der Name Preußen übertrug sich schnell auf alle Teile des zersplitterten Landes; als die eigentlichen Preußen galten die Brandenburger, Preußen und Pommern. Diese hatten den Verlust ihrer Selbständigkeit längst überwunden und waren nun stolz, Teil des Königreichs zu sein. Dennoch hat sich der erste Preußenkönig, der Berlin mit berühmten Bauten schmückte und Künste und Wissenschaften förderte, um Hinterpommern wenig gekümmert.
Der Nordische Krieg (1700–1721) zog auch Pommern in den Krieg hinein. Es ging um die Machtverhältnisse zwischen Schweden und Rußland im Ostseeraum. Sachsen, Polen unter August dem Starken, Russen und schließlich die Dänen besetzten das schwedische Vorpommern und übergaben Friedrich Wilhelm I., dem Soldatenkönig, das Gebiet zur vorläufigen Verwaltung. Als Karl XII. nach abenteuerlichem Ritt aus der Türkei die Herausgabe des Gebietes forderte, trat Friedrich Wilhelm I. zu den Feinden Schwedens über und nahm persönlich mit dem Dänenkönig Friedrich IV. an der Einschließung Stralsunds und Rügens Eroberung teil.
1720 erreichte er im Frieden von Stockholm die Abtretung Vorpommerns bis zur Peene. Mit Stettin sah der König die Möglichkeit gekommen, am »Commercio der ganzen Welt« teilnehmen zu können. Dieser König hat Pommern das preußische Gesicht gegeben. Er selbst versah sein Amt mit aller »Pflicht und Schuldigkeit«, erzog seine Beamten zu Pflichttreue, Unbestechlichkeit und Sparsamkeit. Er schuf Verwaltungs- und Gerichtsbehörden, richtete Hofgerichte in Stettin und Köslin ein, gab »rathäusliche Reglements« heraus, machte Domänen zu landwirtschaftlichen Musterbetrieben und verbot das Bauernlegen. In der Aufhebung der Leibeigenschaft gingen die Domänen voran; allgemein konnte sie sich noch nicht durchsetzen.
Stettin baute der König zu einer starken Festung aus, die beiden Prunktore, das Berliner und das Königstor, sind Zeugnisse dafür. Die Stadt Köslin errichtete ihm auf dem Marktplatz ein Denkmal. In Schwedisch Vorpommern geschah wenig; die Greifswalder Universität jedoch erhielt starke Förderung. Im Gegensatz zur absolutistischen Herrschaft im preußischen Teil Pommerns trat dort die Adelsherrschaft stärker hervor. Durch das Bauernlegen verschwanden ganze Dörfer, die Bevölkerungszahl ging zurück.
In Pommern setzte Friedrich Wilhelms Sohn, Friedrich der Große, die Aufbauarbeit fort. Er hatte von den Pommern eine hohe Meinung: »Sie haben einen geraden und schlichten Sinn. Unter den Untertanen aller Provinzen eignen sie sich

Schrotholzkirche aus Stüdnitz, Kreis Bütow

am besten für den Kriegsdienst wie für alle andern Ämter. Nur mit diplomatischen Verhandlungen möchte ich sie nicht betrauen, weil ihr Freimut nicht für Geschäfte paßt, bei denen man der Schlauheit mit Schläue begegnen muß.« Das war wohl ein wahres Wort, wie auch der nächste Ausspruch bestätigt: »Ich liebe die Pommern wie meine Brüder, denn sie sind brave Leute, die mir jederzeit in der Verteidigung des Vaterlandes, sowohl im Felde als zu Hause, mit Gut und Blut beigestanden haben, und ich müßte kein Mensch sein oder kein menschliches Herz haben, wenn ich ihnen meine Dankbarkeit nicht bezeigen wollte.«

Dem pommerschen Adel war der König zugeneigt: »Der Adel der Kurmark ist genußsüchtig, er besitzt weder den Geist der Ostpreußen noch die Solidität der Pommern.« Manche pommerschen Namen stehen hier für den preußischen Geist: Kleist, Borcke, Bonin, Puttkamer, Manteuffel, Flemming, Zitzewitz, Schwerin (1757 vor Prag als Feldmarschall gefallen), Wedel, Heidebreck, Roon. Die pommerschen Adeligen waren Männer von persönlicher Eigenart und doch von einheitlichem Typ, geprägt durch Tradition und

Dorfgründungen Friedrichs des Großen

Erziehung, manche einseitig befangen in der agrarischen Welt des Ostens mit Standesbewußtsein, aber meistens von pommersch-preußischer Lauterkeit des Charakters.

Pommern haben auf den Schlachtfeldern ihren Mann gestanden und geblutet. Wegen seiner Tapferkeit hat man dem pommerschen Dragoner-Regiment Ansbach-Bayreuth den Hohenfriedberger Marsch gewidmet.

Ein Stadtname ist zum Symbol geworden: Kolberg. Da im Siebenjährigen Krieg Pommerns Gouverneur, der Herzog von Braunschweig-Bevern, die Festung Stettin schon im Vorfeld verteidigen konnte, hatten die Russen den Hafen Kolberg als Nachschubbasis vorgesehen. Für Berlin hätte das eine große Gefahr bedeutet, da der König in Schlesien schwere Kämpfe gegen Österreich zu bestehen hatte. Dreimal mußte sich Kolberg der russischen Übermacht stellen. Dem Major von Heyden standen nur wenig Truppen zur Verfügung; hier gaben breite Volksschichten bei der Verteidigung ein Beispiel. Die Russen mußten sich in die Winterquartiere nach Ostpreußen zurückziehen. Zwei Jahre später (1760) kamen sie von See und Land her; auch diesmal mußten sie unverrichteter Dinge abziehen. Ein drittes Mal (1761) erschienen sie mit Kriegsschifen von See und 40000 Mann von der Landseite her. Von Heyden mußte die Stadt übergeben. Da starb die Zarin, und Zar Peter III. schloß mit Friedrich Frieden.

Jetzt zeigte sich der König als großer Kolonisator. Zusammen mit Brenckenhoff und Prinz Moritz von Dessau hat er »159 neue Dörfer mit 26000 Kolonisten aus der Pfalz, Mecklenburg, Schwedisch Vorpommern, Sachsen und Schwaben angelegt« (O. Eggert). Darunter fällt die Entwässerung und Urbarmachung des großen Oderbruchs zwischen Gartz und Gollnow; 1200 Bauernfamilien konnten in 43 neu gegründeten Dörfern siedeln. Weiter seien genannt: die Senkung des Wasserspiegels im Madüsee (1770) um drei Meter, was neun neue Ortschaften ergab; die Senkung der Neustettiner Seen (1780); die Trockenlegung des Thurbruches auf Usedom

(1771), des Schmolsiner Bruches (1777), des Plönebruches (1774) und die Urbarmachung der Netzebrüche.
Die Regierung gab Anweisungen zur Verbesserung der Viehzucht (Stallfütterung), sie förderte den Anbau der Kartoffel, die Anpflanzung von Obstbäumen und von Maulbeerbäumen für die Seidenspinnerei und den Hopfenanbau. Das Bauernlegen bestrafte der König; gegen den Widerstand des Adels ist ihm jedoch die Aufhebung der Leibeigenschaft nicht gelungen, obwohl er am 23. 5. 1763 in Kolberg von Brenckenhoff in die Schreibtafel diktierte: »Es sollen absolut und ohne das geringste Raisonnieren alle Leibeigenschaften, sowohl in königlichen, adligen als Stadteigentumsdörfern von Stund an abgeschafft werden, und alle diejenigen, so dagegen opponieren würden, so viel wie möglich mit Güte, in deren Entstehung aber mit Force dahingebracht werden, daß diese v. Sr. Kgl. Majestät so festgesetzte Idee zum Nutzen der ganzen Provinz ins Werk gesetzt wird« (O. Eggert).
Der Große Kurfürst, Friedrich I., Friedrich Wilhelm I. und Friedrich II. haben in vieler Hinsicht Großes geleistet; doch erst dieser hat die Idee des Preußentums den Pommern zu eigen gemacht. Nach Friedrich des Großen Tod bildeten sich zahlreiche Legenden. Goethe, der Einsicht in dessen Schwächen hatte, war von ihm verzaubert: »Es ist doch etwas Einziges um diesen Menschen«, ein anderes Mal: »Ihm schauten alle Völker der Welt mit traurigen Blicken nach.«

FRANZOSENZEIT

Der Aufwärtsentwicklung Pommerns in der Preußenzeit bereitete die Niederlage von 1806 ein jähes Ende. Der militärischen Katastrophe folgte die moralische auf den Einzug Napoleons in Berlin. Wie andere Städte kapitulierte der Kommandant von Stettin, der 77jährige General von Romberg, schmählich, übergab die Festung 800 französischen Husaren, obwohl ihm 5000 Mann Besatzung, 187 brauchbare Geschütze und genügend Vorräte zur Verfügung standen. Die meisten Festungen kapitulierten damals, ohne einen Schuß abgegeben zu haben.

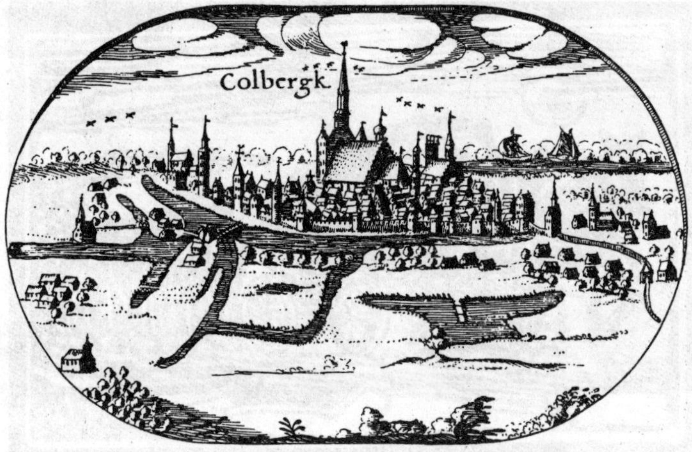

Kolberg – Ansicht von Lubinus (1618)

Noch war der preußische Geist nicht ganz gestorben. Ferdinand Schill, ein Leutnant, hatte sich mit einer kleinen Reiterschar in Greifenberg festgesetzt und bekämpfte von hier aus die gegen Kolberg vorrückenden französischen Truppen. Und Kolberg gab, nachdem es sich im Siebenjährigen Krieg (1758, 1760, 1761) den Anstürmen des Gegners widersetzt hatte, 1806 erneut ein Beispiel des Widerstandes. Bürgermeister Nettelbeck, der als Seemann und Kapitän jahrzehntelang das Meer befahren hatte und jetzt ein angesehener Mann der Stadtverwaltung war, erreichte ungewöhnlichen Ruhm, als er nach Ablösung des Kommandanten, des Obersten von Lucadou, mit Gneisenau erfolgreich die Verteidigung mit 6000 Mann gegenüber 14000 französischen Soldaten organisierte. Dieses Beispiel hat die Jugend in Schulbüchern begeistert. Am Ende des Zweiten Weltkrieges sollte der Film »Kolberg« in auswegloser Kriegslage die deutsche Bevölkerung zum Durchhalten aufstacheln.

Der große Treck im Schicksalsjahr 1945

Nach dem Frieden von Tilsit nahm die Unterdrückung Pommerns durch Einquartierungen, Truppendurchmärsche und Heereslieferungen kein Ende. Stettin blieb weiterhin auf Kosten des Landes bis 1813 von französischen Truppen besetzt. So wuchs der Haß gegen Napoleon. Der Untergang des tapferen Schill in Stralsund (1809), den man inzwischen als Nationalheld pries, die Grausamkeiten gegenüber Schills Gefährten, die zu Raubmördern erklärt und auf französische Galeeren gebracht wurden sowie die standrechtliche Erschießung seiner elf Offiziere in Wesel erweckten Rachegefühle. Es gab in der Tat nationalgesinnte Männer, die das verkörperten, was später eine gewaltige politische Kraft in der Nationalbewegung werden sollte: Heinrich von Kleist, Fichte (»Reden an die deutsche Nation«), Turnvater Jahn, der Theologe Schleiermacher, General Gneisenau und Ernst Moritz Arndt.

Der bleibende Gewinn französischen Drucks war die Erkenntnis, man müsse das Volk für eine Befreiung entflammen. Deshalb forderte Arndt, die Leibeigenschaft zu beseitigen und mit einer Städteordnung die Bürger mündig werden zu lassen. Die Heeresreform war ein energischer Anlauf, Volk und Herr zu verbinden und der Nation ein Gefühl der Selbständigkeit zu vermitteln.

POMMERN WIEDERVEREINIGT

Während Preußen unter den deutschen Ländern durch die territoriale Neuordnung im Wiener Kongreß (1815) nicht gerade freudig die »Wacht am Rhein« übernahm, kam für Pommern die Wiedervereinigung mit dem schwedischen Landesteil, dem Gebiet nördlich der Peene mit den Städten Greifswald, Stralsund und der Insel Rügen, wofür Preußen 3,5 Mio. Taler zahlte.

Durch eine Verwaltungsreform entstand 1815 die Provinz Pommern, bestehend aus den Regierungsbezirken Stettin, Stralsund und Köslin mit insgesamt 26 Kreisen. 1932 vereinigte man die Regierungsbezirke Stettin und Stralsund, so daß nur noch zwei Regierungsbezirke übrigblieben. Das Jahr 1938 brachte die letzte Neuordnung. Fünf Kreise der Grenzmark sowie die zwei neumärkischen Kreise Friedeberg und Arnswalde kamen hinzu und bildeten mit den altpommerschen Kreisen Dramburg und Neustettin den Regierungsbezirk »Grenzmark Posen-Westpreußen«.

Die Grenzmarkkreise haben eine andere Geschichte als das eigentliche Pommern. Bis 1466 waren sie Teil des Ordensstaates, im Zweiten Thorner Frieden kam Pommerellen in Personalunion unter die polnische Krone bis 1569, besaß jedoch eigene Verwaltung und einen eigenen Landtag; dann gehörte es 200 Jahre lang (bis 1772) zu Polen. Daraus erklärt sich ein gewisser katholischer Bevölkerungsanteil in einzelnen Grenzmarkkreisen und eine polnische Minderheit.

Die Verwaltungsreform von 1815 war recht kompliziert. Der erste Oberpräsident Freiherr von Ingersleben hatte große Schwierigkeiten, durch die zahllosen Vorschläge und Gutachten hindurchzufinden; deshalb kommt das eigentliche Verdienst seinem Nachfolger zu, dem Oberpräsidenten Sack (1816–1831), der als tatkräftiger und schöpferischer Mann großes Organisationstalent besaß. Manche Landkreise verschwanden ganz, andere erhielten eine andere Form.

Nach den schweren Kriegsschäden begann sich das Land schnell zu entwickeln. Die Chaussee zwischen Stettin und Berlin entstand 1822, die erste Eisenbahn zwischen beiden Städten verkehrte von 1843 an. Der Schiffsverkehr stieg von 1835 bis 1870 um das Dreifache. Stettin war der Umschlaghafen für Kohle aus Oberschlesien und Eisenerz aus Schweden. In dem weiten Land, oft auf Rittergütern, entstanden Sägewerke, Mühlen, Brennereien, Zucker-, Stärke- und Kartoffelfabriken. In der Landwirtschaft änderten sich die Arbeitsmethoden: Fruchtwechsel, künstliche Düngung, Maschinen, Gründung von Einkaufs- und Verkaufsvereinen, Spar- und Darlehenskassen.

Landwirtschaftliche Schulen und Vereine leisteten Hilfestellung. Durch die Abschwächung der Steinschen Reformen sanken jedoch viele Bauern zu Tagelöhnern ab; ein Teil davon ging in die Großstädte, so daß manche Güter Saisonarbeiter aus Polen holen mußten, die sich im Sommer ihr Geld verdienten und im Winter in die Heimat zurückkehrten. Mit Siedlerstellen versuchte man dem entgegenzuarbeiten und erreichte, daß Hinterpommern im Vergleich zu Vorpommern vorwiegend Bauernland blieb.

Zu der Landflucht im 19. Jahrhundert gesellte sich die Auswanderung nach Amerika. Ein wichtiger Grund lag im sozialen und wirtschaftlichen Bereich, denn die neue Welt bot Aufstiegsmöglichkeiten. Briefe von Auswanderern verfehlten nicht ihre propagandistische Wirkung. Auch aus religiösen Gründen verließen zahlreiche Menschen ihre Heimat; sie wollten sich nicht den Unionsbestrebungen von 1817 in den evangelischen Kirchen fügen.

Durch die Erweckungsbewegung an manchen hinterpommerschen Gutshöfen und den altlutherischen Separatismus verstärkte sich der Auswanderungsgedanke. Während von 1831 bis 1843 insgesamt kaum 2500 Pommern ihre Heimat verließen, steigerte sich ihre Zahl in der zweiten Hälfte des 19. Jahrhunderts erheblich und erreichte 1881 mit 26000 Auswanderern ihren Höhepunkt.

Für die Erweckungsbewegung stehen Namen wie Thadden-Trieglaff (Einfluß auf Bismarck), Below, Senfft von Pilsach und andere. Ein wichtiges Anliegen war die Erneuerung der inneren Frömmigkeit und die Liebe zur Mission.

Die Pommern im 19. Jahrhundert fühlten nicht nur als Preußen, sondern sahen in Deutschland ihr Vaterland; das zeigte sich in der Frankfurter Nationalversammlung von 1848. Der in Treptow an der Rega geborene Historiker Droysen hatte auf die Verfassung von 1849 eingewirkt. Unter der Abordnung, die Friedrich Wilhelm IV. am 3. April 1849 die Kaiserkrone anbot, befand sich der achtzigjährige Ernst Moritz Arndt. Der preußische Ministerpräsident Otto von Bismarck, Schöpfer des Zweiten Kaiserreiches, war zwar kein gebürtiger Pommer, er stammte jedoch aus pommerschem Adel und heiratete Johanna von Puttkamer; deshalb fühlte er sich zeitlebens als Pommer.

Der Versailler Vertrag von 1919 trennte die Landverbindung zwischen Pommern und Ostpreußen. Der weitaus größte Teil Westpreußens fiel an Polen, die Grenzmarkkreise blieben bei Deutschland: Pommern war Grenzland geworden. 1945 brach, wie über alle ostdeutschen Gebiete, auch über Pommern die Katastrophe herein. In der Reichstagswahl 1932, also vor der Machtübernahme Hitlers, erhielt die polnische Liste ganze 532 Stimmen. Pommern besaß also keine polnische Minderheit. 1,9 Mio. Pommern haben Flucht und Vertreibung erdulden müssen. Wehrmachtseinheiten, insbesondere die Marine, haben in aufopfernder Weise vielen Frauen, Kindern und alten Leuten bei der Flucht geholfen. Nur der Großteil Vorpommern ist heute von Deutschen bewohnt.

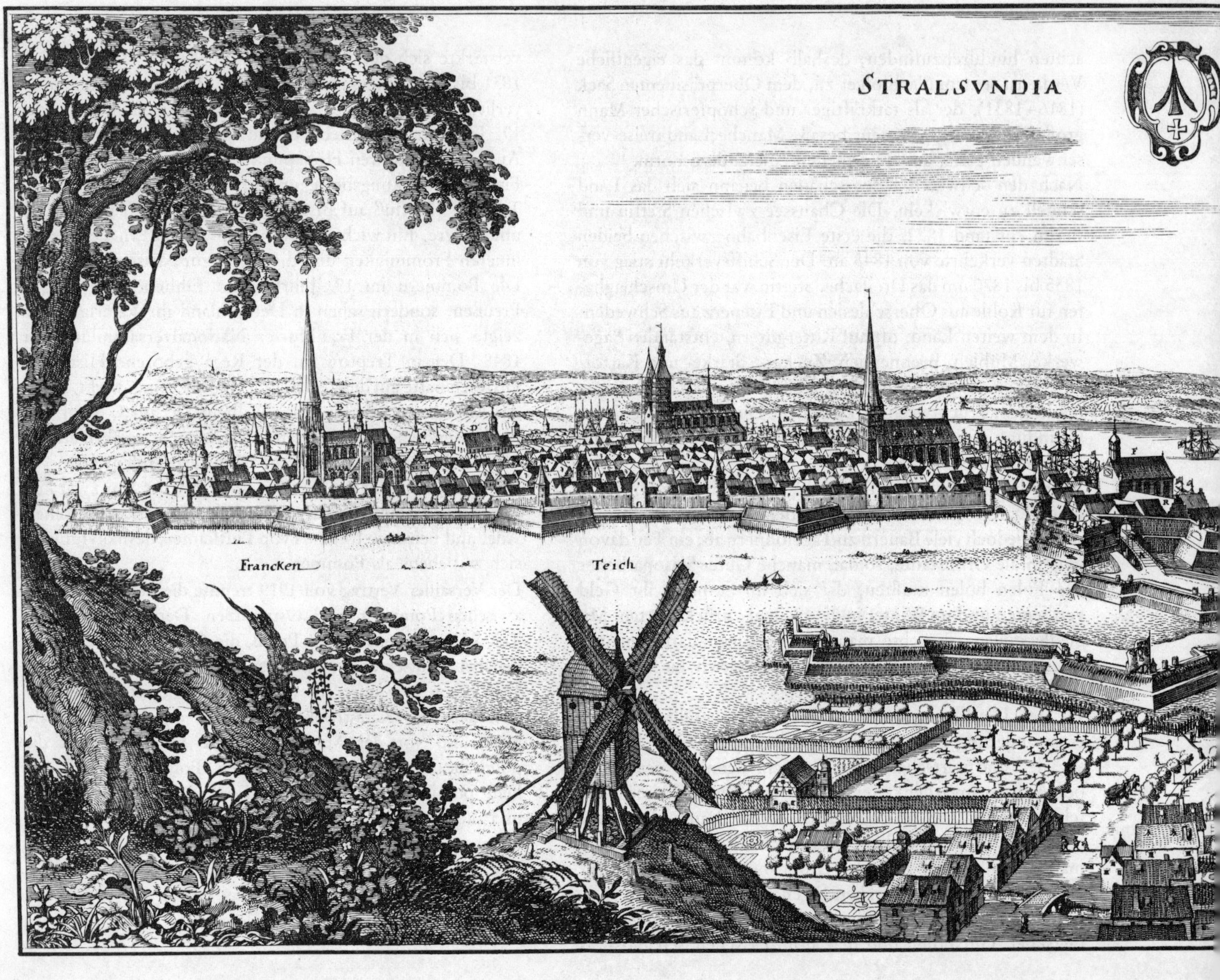
STRALSVNDIA
Francken
Teich

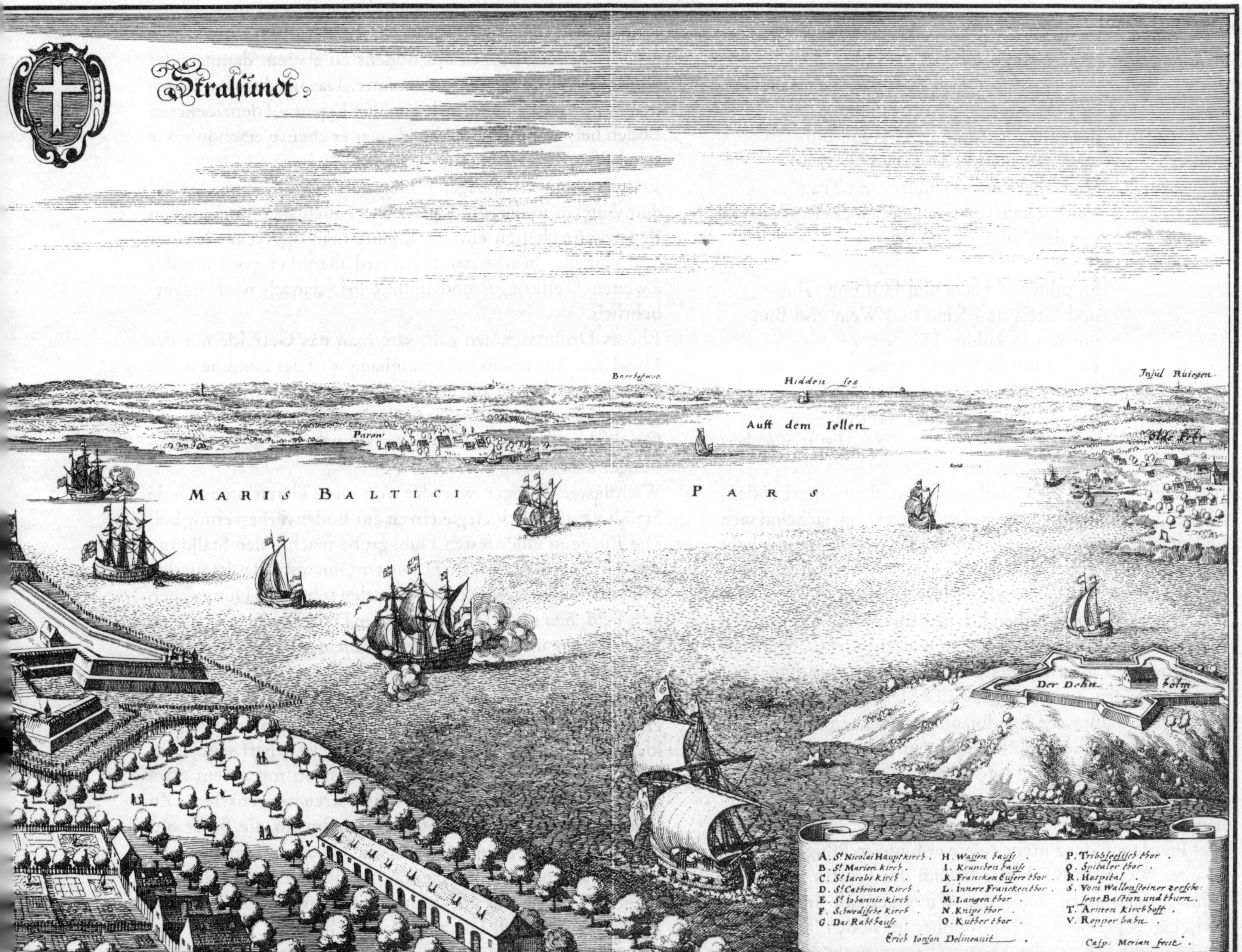

Panorama von Stralsund – Merian. 1652

EIN BAUERNLAND

Es geht ein Pflüger übers Land,
der pflügt mit kühler Greisenhand
die Schönheit dieser Erden.
Und über Menschenplan und Trug
führt schweigend er den Schicksalspflug,
vor dem zu Staub wir werden.

So pflügt er Haus und Hof und Glut
und Greis und Kind und Wein und Blut
mit seinen kühlen Händen.
Er hat uns lächelnd ausgesät
und hat uns lächelnd abgemäht
und wird uns lächelnd wenden.

Ernst Wiechert

In diesen großen Plan sind wir Menschen eingebunden, empfangen alles und müssen selbst Pflüger sein, lächelnd säen und mähen. Früh beginnt daher das Tagewerk, freudig geht der Landmann aufs Feld hinaus; immer hat es ihn gegeben, und bei allem Fortschritt wird die Menschheit nie ohne ihn, den Pflüger und Säer, leben können. Bis vor hundert Jahren mußten die Landbewohner in den Bauern- und Gutsdörfern die Arbeit mit ihrer Körperkraft verrichten, zusammen mit dem Pferd, dem treuen Freund des Menschen.

Im Herbst mußte der Landmann den Acker bestellen, das abgeerntete Feld tief umpflügen, um im kalten pommerschen Winter die Bodengare zu fördern. Das geschah mit ein- oder mehrscharigen Pflügen, die ursprünglich aus Holz mit eisernem Schar, später ganz aus Eisen bestanden. Den zwei oder drei Pferden in der Furche folgte er hinterm Pflug. Das ging so über Wochen. Noch vor Beginn des Frostes mußte die Winterfurche fertig sein, das Wintergetreide in der Zeit zwischen September und November im Boden liegen.

Im Frühjahr galt es, den abgetrockneten nackten Acker zu eggen, um die Schollen des Bodens zu glätten, damit er das Sommergetreide aufnehmen konnte. Das machte den Landmann, der den ganzen Tag hinter den Eggen auf dem lockeren Boden lief, recht müde. Abends war er ebenso erschöpft wie seine Pferde.

Erst als in den zwanziger Jahren der Traktor, zunächst auf den Gütern, in den dreißiger Jahren auch schon bei großen Bauernwirtschaften einzog, konnte man die Äcker leichter und schneller bearbeiten. Das Pferd aber blieb vor Ende des Zweiten Weltkrieges und unmittelbar danach noch unentbehrlich.

Ehe es Drillmaschinen gab, säte man das Getreide mit der Hand aus. Aus einem Leinenumhang warf der Landmann das Korn schwungvoll im großen Bogen aufs Feld, wobei er gleichmäßig streuen mußte; das erforderte eine gewisse Geschicklichkeit. In gleicher Weise streute er den Handelsdünger aus.

Wichtigster Dünger war der von den Tieren stammende Stalldung, trug er doch gleichzeit zur Bodenverbesserung bei. Die Pflege in einer festen Dunggrube machte den Stalldung wertvoller. »Halt ihn feucht und tritt ihn feste, das ist für den Mist das beste!« Die Pferde zogen den schweren Dungwagen aufs Feld, hier riß der Landmann den Dung in kleinen Haufen vom Wagen und verteilte ihn in einem neuen Arbeitsgang gleichmäßig mit der Forke.

Bei den Erntearbeiten half seit Jahrhunderten die Sense – ein großer Fortschritt gegenüber der in alten Zeiten verwendeten kleinen Sichel. Die Sense mußte möglichst scharf sein. Deshalb mußte man sie in kurzen Abständen mit einem etwa vierzig Zentimeter langen »Sensenstreich« schärfen. Zu Hause angekommen, mußte der Landmann die Sense auf einer Bank vor einem Gestell mit einem kleinen Amboß »dengeln«; mit einem Hammer verdünnte er die Sensenschneide. Dazu war Erfahrung nötig. Mittags und abends konnte man überall Dengelgeräusche hören.

Getreide mähte man nicht auf »Schwad« wie Gras, sondern

auf Halm. Dem Mäher folgte gleich die Binderin: sie raffte die Halme zu einer Garbe und band sie rasch mit einem »Seil« aus Halmen zusammen. Heute benötigt man die Sense nur zum Anmähen, das heißt an Wegen oder Geländestellen, wo man die Maschine nicht einsetzen kann.
Diese Mähmaschine hatte zwei Sitzgelegenheiten. Der eine Arbeiter lenkte die Pferde, der andere harkte die Halme in der Größe einer Garbe von der Ablage herunter; sie ist auf dem Bild allerdings hochgestellt. Verbesserungen sind der »Ableger«, darauf der Selbstbinder und heute der Mähdrescher. Hatten die Binder alle Garben gebunden, stellten sie sie zu Hocken zusammen, zehn auf jeder Seite zu einer Stiege, bei Hafer nahm man – zum besseren Trocknen – weniger.
Im Winter kam die Zeit des Dreschens. In alten Tagen kannte man den Dreschflegel. Im Takt schlugen mehrere Männer oder Frauen die auf der festen Tenne liegenden Halme mit dem Dreschflegel, so daß sich das Korn von den Ähren löste. Die Spreu wurde vom Weizen in der Reinigungsmaschine getrennt. Man nannte sie »Kaff«; sie diente zum Verfüttern.
Die nächste Erleichterung brachte der »Stiftendrescher«; er ist auch als Langdrescher bekannt. Man schob einen Teil der Garbe mit den Ähren nach vorne zur Dreschwalze. Den Stiftendrescher trieb das von Pferden im Schrittempo gezogene »Roßwerk« an.
Der Breitdrescher brachte die nächste Erleichterung, auch bei dieser Maschine mußte das Korn noch durch die Reinigungsmaschine. Die letzte Errungenschaft vor dem Kriege war der »Selbstreiniger«. Er machte alles in einem Arbeitsgang: Dreschen, Reinigen und Abfließen des Korns in Säcke.
Unter der Landbevölkerung haben Bauern und Gutsbesitzer am schwersten durch die Vertreibung gelitten: Ihnen war die Lebensgrundlage genommen. Margaret Richartz sagt dazu:

»Einst war ich Herr, nun bin ich Knecht
ohne eig'nen Willen, ohne Recht;
auf weitem Hof am Meeresstrand
herrschte ich einst mit fester Hand.«

Im Jahre 1938 wurden geerntet

	in Pommern:			im Deutschen Reich:		
	von ha	dz/ha	Ertrag	von ha	dz/ha	Ertrag
Roggen	575 580	19,4	1 115 661 t	4 263 287	20,2	8 606 225 t
Weizen	75 510	29,0	218 791 t	2 094 154	27,1	5 681 913 t
Gerste	101 809	26,1	266 076 t	1 673 420	25,4	4 248 445 t
Hafer	278 098	23,9	663 471 t	2 697 412	23,6	6 365 831 t
Menggetreide	71 017	21,7	154 330 t	590 594	21,7	1 281 451 t
Mais zur Körnergewinnung	5 192	26,3	13 662 t	63 838	27,2	179 364 t
Getreide insgesamt:	1 107 206	22,0	2 431 991 t	11 384 705	23,2	26 363 229 t
Kartoffeln	351 382	175,5	6 165 495 t	2 893 010	175,9	50 894 104 t
Zuckerrüben	34 641	306,7	1 062 603 t	501 771	309,8	15 545 731 t
Futterrüben	30 773	446,1	1 372 642 t	815 104	471,6	38 443 963 t
Kohlrüben	58 272	340,7	1 985 423 t	215 884	342,2	7 385 699 t

Ernteergebnis in Pommern und im Deutschen Reich

Die Gesamtfläche der Provinz Pommern zwischen 1815 und 1938 betrug rund 30100 qkm, nach Angliederung der grenzmärkischen Kreise im Jahre 1938 rund 38400 qkm; sie war somit größer als die Niederlande mit 32450 qkm.
Durch die Angliederung der grenzmärkischen Kreise verringerte sich das Ackerland um etwa 4 v. H., um etwa den gleichen Prozentsatz erhöhte sich dadurch die Fläche der Forstungen und Holzungen, ein weiterer Beweis dafür, daß die leichteren Böden (Sander) südlich des Höhenrückens stärker bewaldet sind. Öd- und Unland ist nur spärlich vorhanden.

Das reife Getreide wird gemäht

	1882	1895	1907	1933	1939
Land- und Forstwirtschaft	827 321	790 983	763 305	732 632	789 539
%	54,5	50,2	44,8	38,2	33,9
Industrie und Handwerk	345 510	400 408	469 061	459 707	594 249
%	22,8	25,4	27,6	23,9	25,5
Handel und Verkehr	140 848	158 966	197 829	283 753	329 189
%	9,3	10,1	11,6	14,8	14,1
Sonstige Erwerbsgruppen	127 962	116 771	115 814	174 848	
%	8,4	7,4	6,8	9,1	617 468
Berufslose Selbständige, Rentner usw.	76 071	107 924	157 277	269 957	26,5
%	5,0	6,9	9,2	14,0	
Gesamtbevölkerung	1 517 712	1 575 052	1 702 286	1 920 897	2 330 445

Berufsgliederung der Gesamtbevölkerung

Die Berufsgliederung der Bevölkerung trägt dem vorwiegend agrarisch bestimmten Pommern Rechnung. 1939 waren noch 33,9 v. H. der berufstätigen Bevölkerung in der Land- und Forstwirtschaft tätig. Der Abwärtstrend seit 1882 (54,5 v. H.) entspricht der allgemeinen technischen Entwicklung; hingegen ist der Anteil in Industrie und Handwerk, Handel und Verkehr sowie bei weiteren Erwerbsgruppen entsprechend gestiegen.

ARBEIT TRÄGT FRÜCHTE

Allein die Ernteerträge in Roggen und Kartoffeln betragen ein Achtel der Gesamterzeugung des Reiches, bei Kohlrüben mehr als ein Viertel. Die Erträge je Hektar bringen im großen und ganzen ähnliche Ergebnisse. Wenn in Pommern je ha Anbaufläche bei Roggen 19,4 dz und im übrigen Deutschland 20,2 dz geerntet wurden, so lag das Verhältnis bei Weizen mit 29 dz zu 27,1 dz zugunsten Pommerns. Auch bei Gerste und Hafer stand Pommern besser da als der Reichsdurchschnitt; bei Rüben lag es etwas darunter. Das Land konnte mehr als 5 Mio. Menschen mit Brot versorgen.

Wo das natürliche Grünland fehlte und die Weidenutzung sich auf wenige Monate beschränkte, bildeten Futterpflanzen, voran Klee, gefolgt von Wicken und Süßlupinen, eine notwendige Ergänzung. Die Seradella wuchs gut auf sehr leichten Böden und lieferte nach Einbringung des Getreides Futter für Kühe.

Raps und Rübsen waren stark verbreitet, Tabak beschränkte sich auf kleinere Gebiete an der unteren Oder. Dagegen spielte der Flachsanbau durch staatliche Förderung vor dem Zweiten Weltkrieg eine größere Rolle und lag über dem Reichsdurchschnitt. Noch zu Beginn der dreißiger Jahre stand in vielen Bauernhäusern ein Webstuhl.

Pommern war ein wichtiger Lieferant von Saatgut. Im Schnittpunkt des westlichen ozeanischen und des östlichen kontinentalen Klimas konnte man hier nur dann hohe Erträge erwarten, wenn die Sorten rauhen Wintern, Wind, Sturm und Böden angepaßt waren.

Die »pommersche Weihnachtsgans« war nicht nur für Berlin, sondern weit darüber hinaus ein fester Begriff, und geräucherte Gänsebrüste waren ein wichtiger Ausfuhrartikel. Rügenwalde galt als Gänsezentrum. Wie jeder Arbeiter auf dem Gut, der seine zwei Muttergänse und Enten hatte, hielten es die meisten Bauern. Neben dem Großvieh trug die Kleintier- und Geflügelzucht erheblich zur deutschen Ernährungswirtschaft bei. Im Mittel der Jahre 1934 bis 1937 wurden 5300000 Hühner, 1431000 Gänse, 792000 Enten und 1376000 Kaninchen geschlachtet.

Nach Bolten (1967) betrug der Durchschnittsbestand an Schweinen in Pommern 1965398 Stück, im Vergleich dazu Württemberg 935000, Belgien 993000, Irland 931000. Auf

Viehhaltung:

	in der Provinz Pommern						im Dtsch. Reich
	1816	1849	1883	1913	1931	1938	1938
Pferde	119 798	151 206	188 982	245 621	231 988	290 454	3 445 589
Maultiere	—	3	6				
Esel	—	295	93				
Rinder	370 630	461 583	502 829	864 247	890 277	1 164 989	19 934 159
davon:							
Bullen	5 262	8 136	8 013				
Ochsen	69 795	39 582	17 877				
Kühe	195 371	285 272	337 031		481 853	624 100	9 991 835
Jungvieh	100 202	128 593					
Schafe	992 292	2 522 414	2 550 502	714 929	464 187	591 345	4 823 044
ganz veredelt	39 619	753 682	1 578 559				
halb veredelt	134 809	1 176 783	128 226				
Landschafe	817 865	591 949	843 717				
Ziegen	3 481	21 897	68 226	87 559	61 068	82 329	2 515 154
Schweine	137 664	210 760	444 525	1 332 862	1 607 822	1 965 398	23 567 113

Viehhaltung in der Provinz Pommern

100 Einwohner kamen 81 Schweine gegenüber 36 im Reich. Die Schafhaltung hatte ihren Schwerpunkt auf den Gütern, bei 300 Mutterschafen war ein Schäfer beschäftigt. Bei Mittelbauern überwog der Rindviehbestand. 1939 betrug der Bestand an Rindern in Pommern 1170000 gegenüber 1070000 in Schleswig-Holstein und 1711000 in der Schweiz; in allen drei Ländern machten Milchkühe etwa die Hälfte des Rindviehbestandes aus. Als im Lande gezogenes Arbeitspferd benutzte der Landwirt ein schweres Warmblut. 1938 gab es in Pommern 290454 Pferde, 1939 war der Bestand auf etwas weniger als 271000 herabgesunken, Hessen 112000, Bayern 302000, Belgien 246000.
Das Land besaß große Wälder. Darin fanden Wildschweine, Rot- und Rehwild gute Lebensbedingungen, ebenso Raubwild wie Fuchs, Iltis, Wiesel und Marder – und nicht zuletzt die Jäger.
Die Kartoffelernte, 1933–1939 durchschnittlich 6,8 Mio. t, ging zum größten Teil in die technische Verarbeitung (Brennereien, Stärkefabriken) und Versorgung des Viehs. Veredelungsprodukte wie Spiritus, Stärkemehl und Kartoffelflocken wurden in andere Provinzen geliefert. Mehr als 6 Mio. Menschen verzehrten jährlich pommersche Speisekartoffeln. Da die Bauern große Kartoffelmengen der Schweinemast zuführten, entwickelte sich die Provinz zum größten Schweineexporteur Ostdeutschlands, hinzu kamen Rind-, Schaf-,

Die Gesamtfläche der Provinz Pommern hatte zwischen 1815 und 1938 rd. 30 100 qkm, nach der Angliederung der grenzmärkischen Kreise im Jahre 1938 rd. 38 400 qkm betragen. Dabei entfielen auf:

	1931			1938		
Ackerland	1 583 549	ha	52,4 %	1 853 450	ha	48,3 %
Garten- und Obstanlagen	23 211	„	0,8 %	75 968	„	2,0 %
Wiesen	304 623	„	10,1 %	326 367	„	8,5 %
Viehweiden und Hutungen	158 628	„	5,2 %	143 250	„	3,7 %
Landw. genutzte Fläche gesamt	2 070 011	ha	68,5 %	2 399 035	ha	62,5 %
Forsten und Holzungen	688 629	„	22,8 %	1 016 447	„	26,5 %
Haus- und Hofräume	28 316	„	0,9 %			
Unkultivierte Moorflächen	23 818	„		43 322	„	1,1 %
Sonstiges Öd- und Unland	64 214	„		95 312	„	2,5 %
Wegeland, Friedhöfe, Sportplätze, öffentl. Parkanlagen, Gewässer usw.	146 541	„	7,8 %	284 787	„	7,4 %
insgesamt	3 021 529	ha	100 %	3 838 903	ha	100 %

Aufgliederung der Gesamtfläche Pommerns

Pommersche »Gänseliesel« mit Gänsefamilie

Ziegen-, Pferde-, Kaninchenfleisch und Geflügel, insgesamt 233095 t. Mehr als 6 Mio. Menschen konnten sich aus der pommerschen Fleischproduktion versorgen.
Pommersche Kühe lieferten jährlich 1535300 t Milch. Nach Abzug der für die Kälberaufzucht verbrauchten Mengen verblieben 639 kg Milch pro Kopf der Bevölkerung. Rechnet man Milchfett, Schweinefett und pflanzliche Öle (Raps, Leinsaat) zusammen, so konnten sich neben den 2,4 Mio. Pommern weitere 3,1 Mio. Menschen von pommerschen Fettstoffen ernähren.
Das Land ist also ein wichtiges Überschußgebiet für landwirtschaftliche Produkte gewesen. Da auch Ostpreußen und Schlesien mit ähnlichen Zahlen aufwarten, kann man ermessen, was Deutschland allein mit diesen drei Provinzen verloren hat.
Die weiten Waldgebiete hatte der Mensch durch Rodung erheblich verkleinert. Reste sind dort geblieben, wo der Boden forstwirtschaftliche Nutzung gebot wie in den unfruchtbaren Sandflächen der Urstromtäler. Die Grundmoränenlandschaft und der Höhenrücken sind reich an kleinen

und größeren Waldinseln guten Waldbodens, dort wachsen Eiche, Esche und Buche. Wertvollen Waldboden besitzt der Kreis Greifenhagen, wo ein größeres, mit Buchenwald bedecktes Gebiet liegt. Durch die Eingliederung der Grenzmark (1938) stieg der Anteil des Waldes auf 26,5 v. H. der Gesamtfläche. Nadelwald beherrschte den pommerschen Waldbestand, auf Kiefern allein entfielen 78 v. H.
In jedem Jahr wurden etwa 2,4 Mio. Festmeter Holz geschlagen, darunter 1,5 Mio. FM Nutzholz; der Anteil des Brennholzes mit 30 v. H. am Holzeinschlag war recht hoch, denn die Frachten nach Pommern verteuerten die Kohle. 630000 FM gelangten als Grubenholz in die Bergwerke.
Die buchten- und boddenreiche Küste Vorpommerns und die lange, ausgeglichene Küste Hinterpommerns mit vielen Strandseen begünstigten die Fischerei an der deutschen Ostseeküste. Fisch bildete die Hauptnahrung vieler Pommern; doch auch die Berliner taten sich daran gütlich. Selbst nach Süddeutschland gingen Speisefische. 1938 zählte man etwa 5000 See- und Küstenfischereibetriebe, darunter Konserven- und Fischmehlfabriken sowie Räuchereien.

BODENSCHÄTZE UND GEWERBEFLEISS

Die pommersche Landmasse liegt am Rande des skandinavischen Urgesteinsblocks. Die alte feste Erdrinde hat hier das Bestreben aufzusteigen, während das Land bis hin zu den böhmischen Gebirgen allmählich absinkt.

	1895	1907	1933	1939
Industrie und Handwerk insgesamt	154 173	185 418	216 786	258 549
davon:				
Baugewerbe	33 091	41 103	53 003	76 418
Metallbearbeitung, Maschinen- u. Apparatebau, Feinmechanik, Elektrotechnik	25 299	34 483	32 559	53 663
Nahrungs- und Genußmittel	19 675	24 069	39 020	43 180
Bekleidungsgewerbe	33 448	33 953	31 880	28 979
Holz- und Schnitzstoffgewerbe	13 835	15 563	21 486	22 691
Steine und Erden	10 083	12 783	9 632	10 600
Textilindustrie	3 198	3 364	3 941	7 890
Papierindustrie	1 738	2 595	7 060	7 133
Chemische Industrie	2 344	3 444	3 093	4 910

Entwicklung wichtiger Gewerbezweige

Im ausgehenden Erdaltertum, vor etwa 250 Mio. Jahren, bedeckte ein Zechsteinmeer Deutschland und somit Pommern; nur vereinzelt ragen Vorkommen aus dieser Erdformation über die späteren Ablagerungen, wie der Eiszeit, heraus. Darauf fußen die Solequellen Kolbergs, und Greifswald verdankt seine Entstehung letztlich den Solequellen.
Weitere Zeugen bei Grimmen und auf Wollin stammen aus der Jurazeit. Bei Zarnglaff in Hinterpommern wird in großem Umfang Kalk abgebaut; er dient der Landwirtschaft als Düngekalk und zur Zementherstellung. In der späteren Kreidezeit überschwemmte das Meer große Teile der Erdrinde, hinterließ am skandinavischen Urgesteinsblock jedoch kaum Spuren; dagegen liegen in Pommern, der Randsenke Skandinaviens, Schlammschichten aus Kreide in Stärke mehrerer hundert Meter in der Tiefe, die nur vereinzelt herausragen, so an der Wittower und Jasmunder Steilküste und am Königsstuhl (Titelbild dieses Buches), bei Stettin und Lebbin auf Wollin. Kalkvorkommen liefern der Zementindustrie bei Stettin (Rügenkalk) den Hauptrohstoff; denn Zement ist ein Gemenge aus etwa drei Vierteln Kalk und einem Viertel Ton. Schreibkreide kam aus Rügen. Bei Jatznik (Köslin), am Vilmsee bei Neustettin und in Roschütz bei Lauenburg gräbt man Wiesenkalk zur Verbesserung der Böden.
Wegen des technischen Fortschritts kann man heute in tiefere Erdschichten eindringen; deshalb haben die Polen in etwa 2800 m Tiefe im Zechstein Erdöl erbohrt. Wenn Pommern heute noch arm an Bodenschätzen zu sein scheint, kann sich das in Zukunft ändern.
Auf die erdgeschichtliche Neuzeit (Tertiär) gehen die Tonmassen an den Hängen des Odertals bei Stettin zurück. Die mächtigen Tonlager in der Ueckermünder Heide ließen bei Torgelow, Ueckermünde und Ducherow Ziegeleien und keramische Industrie entstehen. Vorpommersche Ziegel und Drainageröhren genießen einen guten Ruf. Als nach der Tonablagerung des Meeres Pommern wieder landfest wurde,

H. Scherrenberg: Stettin und Swinemünde

bildeten sich Torfablagerungen in den üppigen Urwäldern eines wärmeren Klimas. Reste davon sind in kleinen, unbedeutenden Braunkohlelagern eingeschlossen. Als die Eiszeit die älteren Ablagerungen aufpflügte oder zerriß, bedeckte Gletscherschutt unsere heutige Landschaft.

Etwa ein Zehntel der Bodenfläche besteht aus Torf, dem »jüngeren Verwandten der Braunkohle«. Früher beherrschten Torfkähne das Hafenbild pommerscher Städte. In Zeiten der Not, wenn es Transportschwierigkeiten gibt, besinnt man sich dieses Brennstoffes. In Verbindung mit Stein- und Braunkohle läßt sich Torf in höherwertige Produkte umwandeln. Manche Moore sind größer als 10 qkm, einige davon breiten sich an der Leba (152 qkm), bei Kolberg, am Kamper See, bei Schlawe, im Grabowtal, in den Niederungen der Randow, Tollense und Peene aus. An manchen Orten gab es Torfstreuwerke. In fast allen Badeorten dienten Moore zu Heilzwecken; berühmt geworden sind die Eisenmoorbäder von Polzin, Kolberg und Greifswald.

In Stettin ballte sich die Maschinenindustrie in drei Großwerften: die Stettiner Maschinenbau-AG »Vulcan« entwikkelte sich in wenigen Jahrzehnten zum Schiffbauer von Weltruf mit Zweig (seit 1905) in Hamburg. Sie lieferte 1859 die erste Lokomotive für die Berlin-Stettiner Eisenbahn, verkaufte Lokomotiven an die Norddeutschen Eisenbahnen und wurde nach deren Verstaatlichung durch Preußen deren Hauslieferant. Neuentwicklungen gingen an Eisenbahngesellschaften rund um den Erdball. Der wirtschaftliche Niedergang von 1928 zwang die Werft, den Betrieb einzustellen; 1938 konnte sie jedoch wieder neu beginnen. Ihre Schiffe holten dreimal das begehrte »Blaue Band« in der Nordatlantikfahrt nach Deutschland.

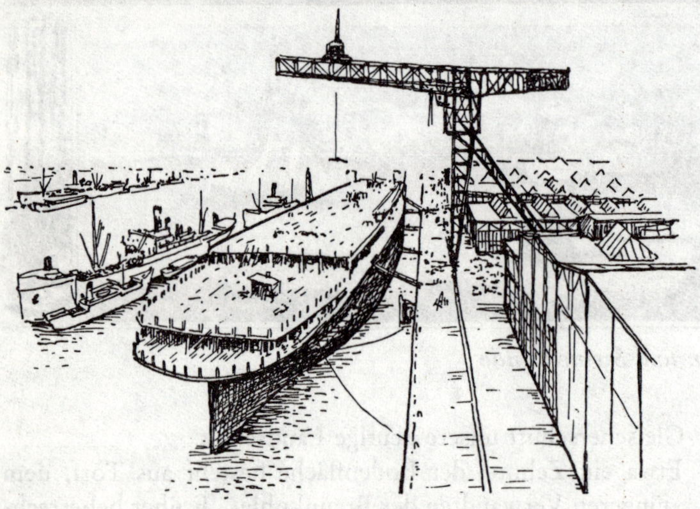

Stettiner Vulkan-Werft AG

Ende des 19. Jahrhunderts entstand der erste Hochofen des Eisenwerkes »Kraft«, weitere Hochöfen folgten. Oberschlesische Kohle und schwedisches Eisenerz besitzen in Stettin einen geographisch günstig gelegenen Hafen.

Die Stoewer Werke vertraten die Autoindustrie. Über die Grenzen Deutschlands hinaus war die Stahl- und Brückenbaufirma »Gollnow & Sohn“, gegründet 1833, bekannt; sie baute Europas größte Eisenbahnklappbrücke über den Trollhättakanal in Schweden und das größte Schiffshebewerk der Welt am Finowkanal bei Berlin. In der Holz-, Papier-, Baustoff-, Nahrungs- und Genußmittelindustrie trug Pommern zum deutschen Industriepotential bei.

In Pölitz entstanden 1938 Hydrierwerke, 1940 begann das Werk mit seiner Benzinproduktion aus Erdölrückständen und oberschlesischer Steinkohle. Die Sowjets demontierten 1945 die Anlage und bauten sie in Sibirien wieder auf. Die in Odermünde gelegene »Feldmühle« war die größte Papierfabrik Deutschlands; sie belieferte unter anderem die Berliner Presse.

Aus der Mandschurei kamen Sojabohnen, aus denen man in den Stettiner Ölwerken AG (seit 1910) technische Öle und feinstes Speiseöl herstellte. Anfang der dreißiger Jahre verließen alljährlich 225000 t Ölprodukte die Werkshallen.

VERKEHRSWEGE

Das Netz der Straßen, Eisenbahnen und Wasserwege war eingebunden in den Wirtschaftsorganismus des Deutschen Reiches. Linienführung und Verkehrsdichte, technische Ausrüstung und Leistung Ostdeutschlands entsprachen den

Anforderungen Mitteleuropas. Der Unterschied zu den östlichen Nachbarn wurde in der Binnenschiffahrt recht deutlich. Die Oder, Pommerns Hauptstrom, entspringt in der Mährischen Senke und mündet nach einem Lauf von 861 km durch Schlesien, Brandenburg und Pommern ins Stettiner Haff. Umfangreiche Wasserbauten wie Eindeichungen, Uferbefestigungen, Strombegradigungen, künstliche Staubecken und Regulierung der Nebenflüsse waren erforderlich, um sie ihre Aufgabe erfüllen zu lassen.

Ein Großschiffahrtsweg (Oder-Havel-Kanal) machte Stettin zum Vorhafen Berlins und verband es mit Westdeutschland. In ihrem Unterlauf erreicht die Oder eine Breite von 1000 m und eine Tiefe von 3,5 m. Schleppzüge bis zu 8 Schiffslängen befuhren den Strom mit Stundengeschwindigkeiten von 15 km.

Die günstige Lage an der Odermündung ließ Stettin zum größten deutschen Ostseehafen aufsteigen. 65 km von der Ostsee entfernt, gelangten die Schiffe durch das Stettiner Haff und die »Kaiserfahrt« nach Swinemünde. Zufahrts- und Hafentiefen von 8,70 m ließen den Verkehr großer Schiffstypen zu, die Länge des Kais betrug 11 km. 180 Kräne, acht Einrichtungen für Massenumschlag (Erze, Kohle), drei Getreideelevatoren, Tankanlagen, Speicher und Schuppen ermöglichten 1937 einen Umschlag von 8,3 Mio. t Gütern. Drei Großwerften sicherten allen Schiffsarten Reparaturmöglichkeiten.

Swinemünde diente Stettin als Vorhafen; gleichzeitig war es Kriegshafen und ist es unter sowjetischer und polnischer Herrschaft geblieben. Der »Seedienst Ostpreußen« betrieb die regelmäßige Verbindung mit dem vom Reich abgeschnittenen Ostpreußen, um den polnischen »Korridor« zu meiden. Stralsund, Greifswald, Kolberg, Rügenwalde und Stolpmünde hatten als Häfen örtliche Bedeutung und dienten daneben der Fischerei. Kolberg erreichte 1938 einen Umschlag von 230000 t, Stolpmünde 235000 t, Rügenwalde 54000 t.

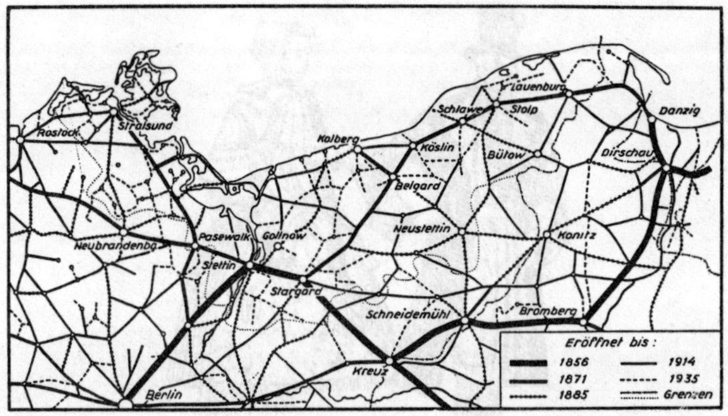

Entwicklungsgeschichtliche Eisenbahnkarte Pommerns

Einen wichtigen Teil des Verkehrs bewältigten die ostdeutschen Eisenbahnen. Mit 14000 km Streckenlänge stellten sie 20 v.H. des deutschen Bahnnetzes. Die Linie Stettin – Stargard – Posen verband die ländlichen Gebiete Polens mit dem Stettiner Hafen, während der 1936 fertiggestellte »Rügendamm« die Reisezeit von Berlin über die Eisenbahnfähre Saßnitz – Trelleborg nach Stockholm verkürzte. Im Lokalverkehr beförderte die pommersche Eisenbahn 2 Mio., im Verkehr mit anderen deutschen Provinzen 6,2 Mio. t Güter (1937). Ein dichtes Netz von Kleinbahnen verknüpfte die Dörfer mit ihren Städten.

POMMERSCHES VOLKSTUM

»Im Winter wie im Sommer
Immer ein Pommer.«

Philipp von Bismarck

Dieser Spruch ist neu, alt der andere:

»Im Winter ist ein Pommer
So dumm wie im Sommer.«

Tracht aus dem Pyritzer Weizacker

Der Pommer ist es selbst, der öfter so über sich spricht: Er kann also über sich selbst lachen. Beide Aussagen haben etwas Gemeinsames, drücken sie doch eine Eigenschaft aus, die man den Pommern nachsagt, wenn auch mit unterschiedlichem Sinn: ihre Beständigkeit.

Die Eigenheiten des Volkstums der Pommern liegen im Land und seiner Geschichte. Da waren die Germanen, die slawischen Pomoranen und seit 800 Jahren die Besiedlung mit Menschen aus vielen Teilen Deutschlands. Es fällt nicht leicht, beweiskräftige Zeugnisse für die Reichweite niedersächsischer Kolonisierung im Norden, märkisch-niederfränkischer vom Süden und des Deutschen Ritterordens von Osten her zu finden. Die Erforschung der Mundarten leistet Hilfestellung.

Drei Klöster sind es, die bis in jüngste Zeit prägend wirkten: Kolbatz am Madüsee (1173), das den Pyritzer Weizacker ausgebildet hat, die Prämonstratenser in Belbuck bei Treptow/Rega (1180), die aus Friesland und Westfalen dem Bild des Pommern eigene Farben beimischten, und die Zisterzienser, die in Eldena bei Greifswald (1199) durch Erwerb der Halbinsel Mönchgut auf Rügen Pionierarbeit leisteten. Ältere und neue Lebensformen haben sich hier erhalten. So zeigt sich deutlich das Beharrungsvermögen im pommerschen Wesen.

Im Klosterbezirk Kolbatz fanden sich Dorf- und Hausformen aus alter Zeit: das Reihendorf, oft zum Angerdorf ausgeweitet, das zur Straße gekehrte stattliche Giebelhaus, Kernstück der fränkischen Hofanlage, welche die Siedler aus ihrer Stammheimat über die Altmark mitgebracht hatten. Alles andere ist auf eigenem Boden entstanden: die Farbenpracht (leuchtendes Kornblumenblau, flammendes Mohnrot) der Trachten, Schmuckformen, Stickereien, Blumenranken auf der Schaufläche der Möbel, Freude am Gestalten, Spruchbänder, Passionsdarstellungen. Im Weizacker bildete sich eine Art Bauernadel heraus.

Das Gebiet des Klosters Belbuck bei Treptow, Kreis Greifenberg, hatten größtenteils Friesen besiedelt. Prämonstratenser aus dem holländischen Kloster Mariengarten holten Landsleute nach, das in der Nähe gelegene Nonnenkloster Marienbusch desgleichen. Westfalen haben sich an der Besiedlung dieses Raumes erheblich beteiligt.

Im Norden des Kreises Greifenberg liegen die sogenannten »Hagendörfer«, manche kilometerlang wie Wachholzhagen, Langenhagen; dazu kommen Kirch-, Vocken-, Mittel-, Voigts- und Papenhagen sowie Hagenow (slawisiert!), durchweg wohlhabende Orte mit gutem Boden und sehenswerten Hoflagen.

Das hinterpommersche Küstengebiet hat zwar sein eigenes Gesicht; so einheitlich wie der Weizacker ist es nicht gestaltet, da mehrere Klöster einwirkten.

Von Belbucker Art sind die herzförmigen, mit zwei Tauben oder einer Krone verzierten Hemdspangen (»Jopseln«) aus Horn, Knochen oder Bernstein. Jungen schenkten ihren Mädchen solche Spangen als Liebesgaben; ähnliche findet man in Friesland und im Alten Land bei Hamburg. Hier gab es mächtige Räderkastentruhen mit nordwestdeutschen Stilformen, geschnitzte Milchschränke und Kleiderschapps; Tischlerei und Töpferei hatten ein beachtliches Niveau. Die Tracht hatte alte Züge bewahrt, sich jedoch nicht bis ins 20. Jahrhundert erhalten.

Jamunder Spitzen mit Mustern aus Blumen, Figuren und geometrischen Gebilden findet man sonst nirgendwo in Pommern, aber ähnliche in Friesland. Jamunder Möbel waren mit großlinigem Tier- und Pflanzenschmuck verziert, zumal die Brautstühle (Brautstuhl von 1819 in der Heimatstube in Eckernförde). Reichtum wirkt hier ernster, gedämpfter, wohl vornehm, nicht überschwenglich, doch auch nicht genial wie im Weizacker.

Die Mönchguter entstammen den niedersächsischen Siedlern; Mundart- und Flurnamenforschung unterstützen diese Aussage. Die Mönchguter Tracht, die die Fischer von Hiddensee bis Usedom trugen, hat sich, wenn auch vereinzelt, bis in die Gegenwart erhalten. Nüchtern waren die Fischerstuben, ohne Schmuck, mit Schlafbank, Stühlen und Milchschrank; die Kleider legte man in die Koffertruhe. Die Sitzfläche der Stühle hatte man aus Binsen geflochten. Trotz der Einfachheit war die Kunst einfallsreich, das zeigen die verschiedenen Arten von Webbrettern, Verzierungen mit Herzen und Pferdeköpfen, Kreuzen, Vögeln und Schiffen, Lebensbäumen und Sprüchen. Zäh halten die Mönchguter am Herkömmlichen fest.

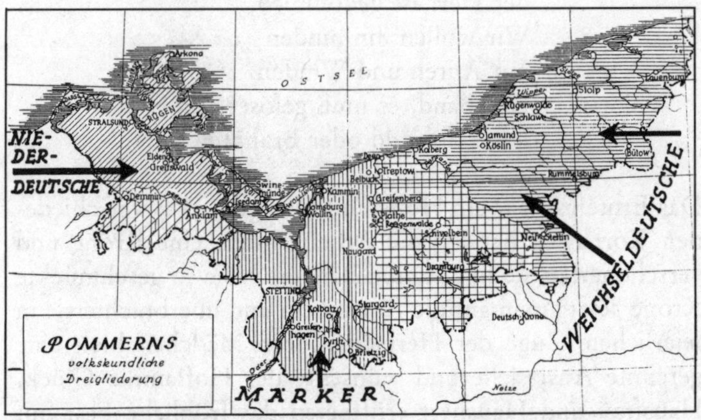

Pommerns volkskundliche Dreigliederung

Tracht aus Mönchgut auf Rügen

Diese drei Klöster bewahrten nicht nur Mitgebrachtes, sondern bildeten Neues aus, ließen reifen und gaben weiter. Dennoch wirkten alle Klöster Pommerns im Wettstreit aufeinander ein. Pommernherzöge riefen deutsche Ritter ins Land, diese holten Bauern aus ihrer Heimat, man legte befestigte Städte an, Lokatoren brachten weitere Siedler mit. Vom Süden kamen die Askanier mit brandenburgischen Rittern und Bauern, und von den Neusiedlerräumen des Ostens an der Weichsel her stießen Einwanderer auf Niederdeutsche und Märker. So entstand die volkskundliche Dreigliederung, die unsere Kartenskizze zeigt.

Kennzeichen niederdeutschen Volkstums in den Dörfern ist das abgewandelte Niedersachsenhaus. Sein Verbreitungsgebiet reicht in einem schmaler werdenden Keil an der Küste entlang nach Osten. Die Häuser liegen am Strand, in Reihendörfern an der Dorfstraße. Auf lübischem Recht beruht die Entfaltung der Städte. Aus Feldsteinen gebaute, durch Backstein verschönerte Dorfkirchen deuten auf westfälische Siedler hin. Städte wie Stralsund und Greifswald beherbergen Zeugnisse hansischer, von Lübeck beeinflußter Backsteingotik.

Gewisse Volksbräuche sind nur in einzelnen Gegenden Pommerns üblich gewesen. So ist das pommersche Julklapp hauptsächlich auf Vorpommern beschränkt, reicht aber bis zur Rega. Am Weihnachtsabend poltert jemand ins Haus, reißt die Tür auf mit dem Ruf »Huch! Julklapp!« und wirft ein mehrfach umwickeltes Paket in die Stube. In der letzten Hülle ist ein Scherzgeschenk verborgen, das auf einen anderen Empfänger lautet als den auf den äußeren Hüllen bezeichneten. Dieser Brauch, so nimmt man an, stammt aus Schweden. Parallelen lassen sich anderswo in Deutschland finden. »Heitwecken in Melk« ißt man in Vorpommern gern zu Fastnacht. Diese Delikatesse ist über die Oder hinaus bis zur Rega verbreitet. »Stiepen« kennt man in vielen Gegenden Deutschlands, im Nordwesten als Fastnachts-, in Pommern als Osterbrauch:

Greifenberg – Ansicht von Lubinus (1618)

Stiep, Stiep Osterei
gibst Du mir kein Osterei
stiep ich Dir das Hemd entzwei.

»Die Tonne abschlagen« ist ein Spiel, bei dem die Burschen reitend oder radfahrend mit Keulen nach hängenden Tonnen schlagen. Wer den letzten Teil herunterholt, ist »Tonnenkönig«. Ähnliche Spiele kennt man in Dithmarschen und in Nordländern.

Erntebräuche gibt es in Pommern in großer Zahl unter verschiedenen Bezeichnungen. In Vorpommern spricht man von »Orklatsch« und »Austbier«. »Or« hängt mit dem Wort »Ernte« zusammen; man begegnet in Nordwestdeutschland dem »Ornbier«, was soviel wie Erntefest heißt. Das Wort »Aust« geht auf den Monat August zurück und bedeutet Ernte, Erntezeit. »Austbier« drang weit nach Osten bis an die Stolpe vor; »Austköst« und »Kranzbier« sind weitere Begriffe für Erntezeit und Erntefest.

Beim »Binden« kam der Bauer aufs Feld, wo ihm die Binderin ein Seil aus Ähren um den Arm band und sprach:

»Wir haben vernommen,
der Herr ist gekommen.
Wir wollen ihn binden
mit Ähren und Winden.
Das Band, es muß gelöset sein
mit Trinkgeld oder Branntewein!«

Das Erntefest war ein Höhepunkt im Jahr. Aus verschiedenen Kornarten banden die Arbeiterinnen eine Krone und verschönerten sie mit bunten Bändern. Die so geschmückte Krone setzte man auf die Kornmiete und überbrachte sie in feierlichem Zuge der Herrschaft. Ein Mädchen hielt eine gereimte Ansprache und wünschte der Hoffamilie Glück. Hausfrau und Hausherr eröffneten das fröhliche Fest mit einem Tanz unter dem Kranz, den sie einem anderen Paar

reichten, das ihn wiederum weitergab. Je länger das Fest dauerte, desto lebhafter waren die Tänze. Manche volkstümlichen Tänze kamen zum Vorschein, so der »Winktanz«: »Kumm to mi, gah von mi.«
In Vorpommern haben sich manche eigenartige Tänze erhalten. Beliebt ist der »Kegel«. Man tanzt ihn in vielen Dörfern am Tanzabend mindestens einmal. Dazu gehören vier Tanzpaare und ein neunter Tänzer. Ein anderer Tanz ist der »Bummelschottisch«:

»Mudder Witsch, Mudder Witsch,
Kieck mie eis an,
Wur ick den Bummelschottschen
danzen kann!
Hack und Tehn dei sünd tau seihn.
Mudder Witsch, wo geiht dat schön«

Im Einflußgebiet der Mark Brandenburg kommen der Großbauer (Weizacker), der Tabakbauer an der Oder und die friderizianischen Oderbruchdörfer mit den schwäbischen, pfälzischen, sächsischen und Polendeutschen dazu, und selbst Stettin als Hauptstadt strahlt pommersches Volkstum aus. Die ursprünglich vom Niederrhein stammenden Siedler, die in der »märkischen Rastzeit« Erfahrungen sammelten, brachten den Städten Magdeburger Recht, den Dörfern jedoch das Dielenhaus mit, das sich nach Nordwesten und Osten ausbreitete.
Tonnenabschlagen war hier zwar unbekannt; dafür warfen die Kinder die Pfingsttaube ab, einen bemalten Holzvogel mit Kopf, Flügeln, Rumpf und Zepter. Die Sieger waren »König« und »Kronprinz«. Im Wortschatz der Pommern kamen drei verschiedene Bezeichnungen für den Garbenstand vor: Hocke, Stiege und Mandel. Südlich der Linie Pasewalk – Stettin – Dramburg bis Tempelburg sprach man von einer Mandel. Hocke ist vorpommersch, aber Stiege sagt man in Vorpommern, auf Usedom, Wollin und in den Kreisen

Tanz unter der Erntekrone

Cammin, Greifenberg und Stolp ebenfalls. Im Kreis Greifenberg sagte man sowohl Hocke als auch Stiege. Eigentlich sind Stiege und Mandel Zahlenbegriffe. Bei Roggengarben umfaßte im Kreis Greifenberg die Hocke zehn Garben auf jeder Seite, eine Stiege bestand somit aus zwanzig Garben. Hafer stellte man in halben Stiegen auf, jeweils fünf Paare dachartig gegeneinander. Beim Eierverkauf sprach man ebenfalls von Stiegen.
In germanischen Sprachen und in Nord- und Oberdeutschland verbreitet ist das Wort »Kumm« für die Futterkrippe im Stall, das von Süden her zwischen den Kreisen Randow und Neustettin nach Norden drang. In Vorpommern hingegen kannte man diesen Begriff nicht. Die Rega im Kreis Greifenberg scheint hier, wie bei »Stiege«, eine gewisse Grenze zu bilden; zumindest östlich der Rega war der Begriff üblich. Das Wort »Krüff« mit Abwandlungen wie »Kröw« oder »Kröp« für Futterkrippe war allgemein bekannt. Der Begriff »Raufe« für den gleichen Gegenstand soll mit flämischen Siedlern vom Niederrhein in die Mark und mit den Märkern

nach Pommern gelangt sein. In ganz Pommern findet man Abwandlungen wie Röp, Röf, Rep. Von Süden her ist auch die Bezeichnung »Benn«, »Bänn« oder »Benne« eingedrungen. Ausläufer reichen vom Kreis Anklam im Westen bis Schlawe im Osten, sie sind zwischen Wollin und der Rega sehr häufig anzutreffen, jedenfalls viel häufiger als »Raufe« oder »Röf«.

Maikäfer sagt man in verschiedenen Mundarten in ganz Pommern, zwischen Peene und bis über Köslin hinaus ausschließlich. »Laubkäfer« hört man dagegen nur vereinzelt. Auf Rügen und Vorpommern bis zur Peene heißt der braune Gesell »Burrkäwer«; dieser Begriff läßt sich über Mecklenburg bis Holstein verfolgen. Dem plattdeutschen Dichter Rudolf Tarnow dienten die »Burrkäwers« als Titel zum zweiten und dritten Band seines Werkes.

Ein breiter Streifen Landes östlich der Weichsel, der von der Ostsee bis zum Kulmer Land reicht, war früher von Deutschen besiedelt als das östlichste Hinterpommern. Deshalb hat die Besiedlung des äußersten pommerschen Ostens weitgehend von der Weichsel her ihren Ausgang genommen, und zwar in zwei Vorstößen: vom Osten her in den Stolper Raum und durch den Deutschen Ritterorden von Südosten in den Neustettiner Raum.

Erntebräuche: der »Alte«

Rudolf Tarnow, Burrkäwers

Im Südosten trieb man an den Pfingsttagen Pferde, Kühe, Schafe und Gänse geschmückt zur Weide. Die Reihenfolge der Herden richtete sich nach dem Wettlauf der Hirten. In der Erntezeit schmückte man die letzte Garbe, der »Alte« genannt, die einem Manne ähnelte. Dieser Feldbrauch war in ganz Ostpommern verbreitet, vereinzelt auch in Vorpommern, westlich der Linie Wolgast-Demmin jedoch überhaupt nicht.

In den Kreisen Lauenburg und Bütow entzündete man noch hie und da das altüberlieferte Johannisfeuer, wobei auf Stangen gesteckte Teertonnen abbrannten. In den dreißiger Jahren trat das Sonnenfeuer an seine Stelle. In der Kaschubei ist deutsches und slawisches Brauchtum eng miteinander verflochten. Die mit Stroh oder Reet gedeckten Schrotholzhäuser bestanden aus unbehauenen, übereinander gelegten Kiefernstämmen, deren Fugen die Bewohner mit Moos und

Schrotholzhaus in Sommin, Kreis Bütow

Lehm verstopften; ihre Bretterdecke blieb roh, der Fußboden bestand aus Lehm, aber die rechtwinklige Hoflage verriet fränkischen Einfluß.
Volkskundliche Besonderheiten gab es an manchen Orten. So stellte man in Naugard und Plathe weihnachtlich geschmückte, gedrechselte Pyramiden im Altarraum auf, und die Kinder ließen den lateinischen Lobgesang »Quem pastores laudavere« ertönen. Daran soll das an jedem ersten Weihnachtstag veranstaltete »Quempas«-Singen im Meldorfer Dom in Dithmarschen erinnern. In Deep, Kreis Greifenberg, stellte man zierliche Kerbschnittkästchen her; dort gab es schmucke Holzgrabmäler mit kunstvollem Schnitzwerk und Malerei mit bäuerlichen Sinnbildern. In einigen Dörfern dieses Kreises, so in Hohendrosedow, Dadow und Triebs, standen Vierkanthöfe.
In Ställen sah man gern Schwalbennester; sie sollten gegen Blitzschlag schützen. In vielen Teilen Pommerns holte man Osterwasser aus fließendem Gewässer. Man durfte dabei nicht reden, sonst hatte man »Schlotterwasser«, das seine Gesundheit bringende Kraft verliere. Die Jungen ärgerten dabei gerne die Mädchen und reizten sie, um sie zum Sprechen zu bringen.
Der Hochzeitsbitter ritt früher auf einem bunt ausstaffierten Pferd und lud die Gäste in Knittelversen ein. Eine altgermanische Sitte, die vom Mann auf die Frau übergegangen war, hielt sich noch in manchen Kirchen. Die Frau trat dem Manne als Zeichen der Herrschaft vor dem Altar auf die Füße. Nach dem Kirchgang reichte man der jungen Frau einen Besen, was Treue zu den häuslichen Pflichten bedeutete. Der Mann bekam ein Brot als Aufforderung, für das tägliche Brot zu sorgen.
Auch nach der Vertreibung beweisen die Pommern durch mannigfache Veranstaltungen, wie tief sie in Heimat und Volkstum durch Sitten und Gebräuche verwurzelt sind.

SAGEN UND MÄRCHEN

Pommersche Sagengestalten können sich nach L. Mackensen in verschiedenen Hexenarten offenbaren: Werwölfe (Mann-Wölfe) sind das Gegenstück dazu, wie Hexen sind sie kugel-

Lauenburg – Ansicht von Lubinus (1618)

fest. Im Greifswalder Schuhhagen soll es einmal zu einem regelrechten Kampf zwischen Studenten und Werwölfen gekommen sein. Erkennt man einen Werwolf und nennt ihn beim Namen, so zwingt man ihn in die menschliche Gestalt zurück; Name und Gestalt sind demnach im alten Volksglauben unlösbar miteinander verbunden.

Die Mahrt verursacht Alpdrücken. Nach einer Sage sei jeder siebente Sohn ein Werwolf, jede siebente Tochter eine Mahrt. Sie tritt meist in Tiergestalt als Marder, Iltis oder Katze auf. Vor Sonnenaufgang muß sie auf demselben Weg in ihre fremde Heimat nach Engelland zurück. Versperrt man ihr den Weg, so zwingt man das Mahrtmädchen, sich zu entdekken; dann bittet es ängstlich, freigelassen zu werden.

Die überragende Gestalt pommerscher Sagen, der »Wilde Jäger«, tritt unter den verschiedensten Namen auf: Wod, Wodke, Waud, Wor, Waur, Waurke; sie heißt auch »der Alte«, »Weißer Jäger«, in Vorpommern »Hackelberg« und auf Rügen »Nachtjäger«. Die Bezeichnungen »Wilder Jäger« oder »Wilde Jagd« sind in Hinterpommern üblich, Wode, Wuar und Waul fast nur in Vorpommern und an der Küste. Am häufigsten zeigt sich der Wilde Jäger am Weihnachtstag, in der Neujahrsnacht und im Herbst, zumal in der Mitternachtsstunde bei Vollmond oder Sturm. Er jagt in abgelegenen Orten, in Hochwäldern, Brüchen und Mooren. Selten berührt er Dörfer oder fährt durch offene Hausflure. Viele Flurnamen gehen auf ihn zurück: Wolfsberge, Höllen- und Hexenberge, Wodenberg, Frauenjagden.

Mit den verschiedensten Geräuschen naht der Wilde Jäger heran: jojo, hui, hwit, hito, paff, hot, wau, auch mit Tosen und Peitschenknallen. Er kommt als einzelner Reiter auf einem dreibeinigen »funkensprühenden Schimmel«. Um jeder Gefahr zu entrinnen, muß man sich flach auf den Boden werfen oder sich verstecken. Wer es wagt, sich mit ihm einzulassen oder sogar mitzujohlen, dem ruft er zu:

»Hestu hulpa joga,
so kast uk helpa gnoga!«

Dann wirft er ihm eine Hirschkeule, ein Pferde- oder Menschenbein hin, von dem niemand loskommt, bis er es aufgegessen hat oder der Pfarrer hilft und ihm ein christliches Begräbnis gestattet. Hätte er jedoch vorher um Salz zum Essen gebeten, wäre der Wilde Jäger abgezogen; denn vor Salz scheuen sich alle Geister. Ähnliche Sagen gibt es in großer Zahl. Den Verfolgten kann man retten, wenn man ihn in einen bekreuzten Bannkreis zieht; er kann sich auch selbst befreien, wenn er den Wilden Jäger durch einen frommen Spruch bannt.

Wassergeister sind Tiergestalten oder halb menschliche Wesen. Bei Überflutungen haben sich Wassermöwen, Wassergänse oder Schwäne gezeigt. Beim Brunnengraben forderten sie ihr Opfer. So rief beim Brunnenbau auf dem Kolberger Marktplatz ein Wassergeist: »Laßt mich in Ruh, sonst deck ich Kolberg mit Wasser zu«. Bei einer Sturmflut am Rober Strand forderte vom Meer aus ein großer Schwan ein Witwenkind; als man ihm das Kind geopfert hatte, wich die Flut zurück.

Es soll »Wasserpferde« geben, die eine gewisse Ähnlichkeit mit dem Wilden Jäger haben. Dabei ist auch Gutes zu berichten. Ein Bauer pflügte mit zwei Wasserpferden und schaffte dreifache Arbeit. Wassermenschen sind als Schreckgestalten bekannt; sie tragen verschiedene Namen. Fischer berichten von Seejungfern, die sie gefangen hätten, die ihnen aber wieder entkommen seien. Einen trotzigen jungen Fischer rettete eine Seejungfer im Stettiner Haff, weil er aus Not bei Unwetter fischte. Ein Fischer hat sogar eine Seejungfrau geheiratet. Als sie beide einmal auf die See hinausfuhren, mußte sie wieder ins Wasser zurück. Vor dem Untergang Vinetas soll eine Seejungfer gerufen haben:

»Vineta, Vineta, de rike Stad,
Vineta soll untergahn,
wil se hät väl Böses dan.«

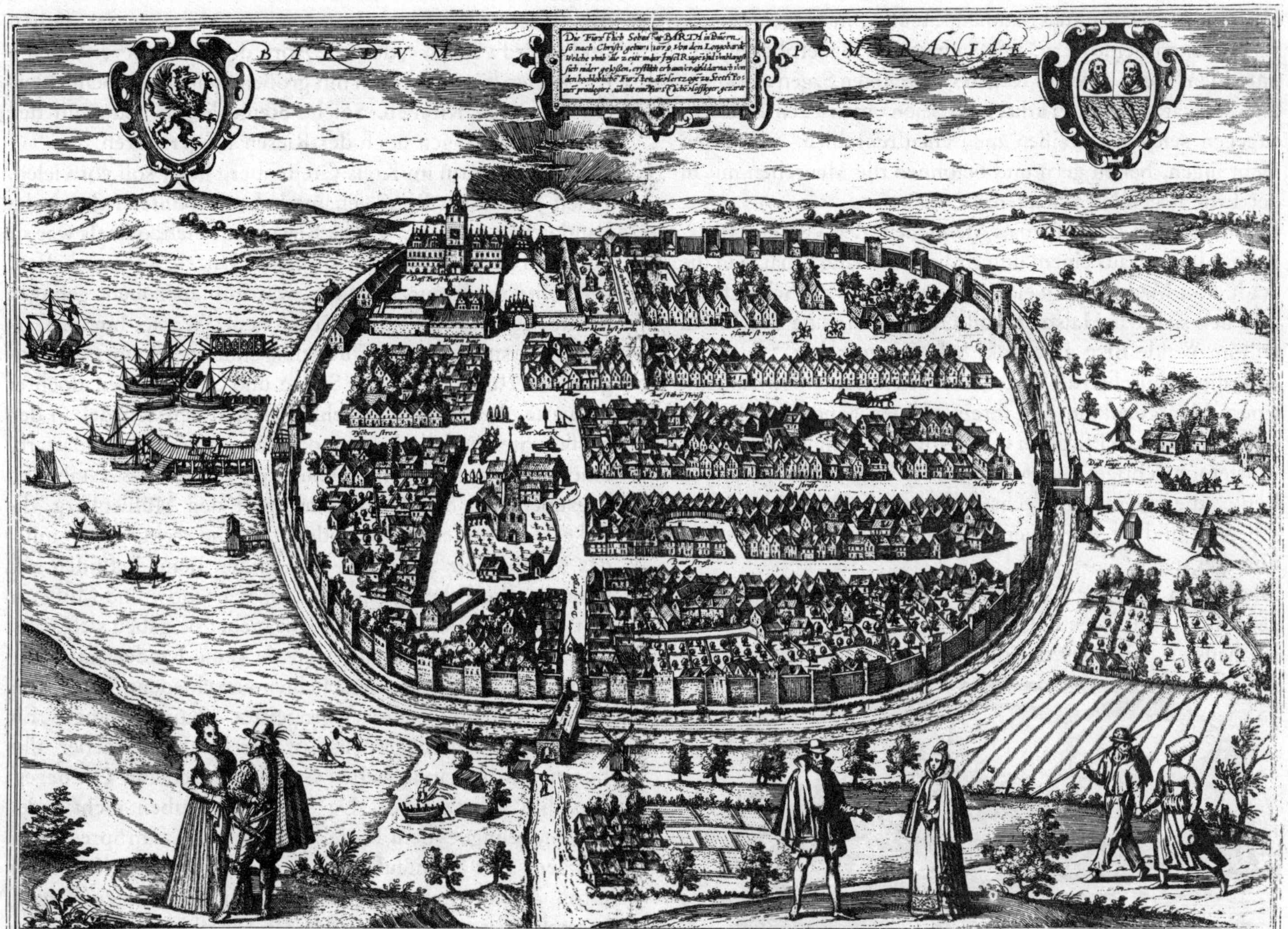

Barth – Ansicht von Bruin-Hogenberg (1575)

Sehr viele Sagen erzählen von den »Unterirdischen« (Unnererdschke). Sie sind ein heimliches, menschenähnliches Geschlecht, das mit dem Erdboden eng verbunden ist, und tragen verschiedene Namen. Klein von Gestalt, haben sie große Köpfe und lange Bärte. Mit Tarnkappen können sie sich unsichtbar machen. Sie leben als Gemeinschaft in

Hügeln, Höhlen, unter Bäumen, Steinen, in Hügelgräbern, versunkenen Schlössern, unter einzelnen Bauernhöfen und unter dem Herd. Die auf Rügen verbreiteten Sagen erzählen, die schwarzen Unterirdischen seien menschenfeindlich; dagegen seien die weißen menschenfreundlich, sie dürfen nicht lügen, helfen gern und belohnen die Menschen mit in der Erde liegenden Schätzen.
In Anklam gab es ein kleines Männchen, den »Jochen Abt«. Früher fuhr er aus einem unterirdischen Gang Schätze in die Stadt. Ein Mädchen sah einmal einen »Puk« am Schatzfeuer und ließ sich das Halstuch voll Gold legen; eine Erzählerin will im Walde Brot geschenkt bekommen haben.
Allerdings tauschen die Unterirdischen mitunter ihr Kind mit einem Menschenkind, um ihrem eigenen Kind, dem Wechselbalg, eine gute Pflege zu verschaffen. Manchmal bekam die Mutter ihr richtiges Kind wieder, doch kennt man heute noch Leute, die eigentlich Wechselbalge sind. Durch der Menschen Schuld ist das sagenhafte Reich der Unterirdischen untergegangen.
Die Riesen sind der Urtyp Pommerns, Zeugen der Vergangenheit, die mit ihren Riesenfrauen und Kindern in Burgwällen hausten. Ein Riesenmädchen spielte mit einem pflügenden Bauern, ihre Eltern warnten sie: »Mäke, lat dat sin, dat sind de Erdwörmeke, dat is de Aort, de will'n uns verdriben.«
Die Riesen kämpften gern mit großen Steinen und schleuderten sie gegen Kirchen. Solche Steine liegen heute auf den Feldern und tragen noch der Riesen Fingerspuren.
Wo jetzt Borntin im Kreis Greifenberg liegt, soll vor vielen, vielen Jahren ein Riese gehaust haben. Wollte er durch das Land gehen, war ihm oft die Rega hinderlich; damals war sie noch viel breiter und tiefer als heute. Um sie wegzuschaffen, versuchte er sie auszutrinken, was ihm aber nicht gelingen wollte; denn es floß unaufhörlich neues Wasser hinzu. Daraufhin versuchte er den Fluß zuzuschütten. In einer gewaltigen Lederschürze trug er Steine und Sand herbei, doch er stolperte. Beim Sturz zerschlug er sich den Schädel an den großen Steinen, die heute noch zu sehen sind, und starb. Andere Riesen kamen, schaufelten ein großes Grab und begruben ihn. Sein Kopf kam unter den Mühlenberg, die linke Hand unter den Scheidebusch, die rechte Hand unter das Mühlenholz zu liegen. Die beiden Beine befinden sich unter den Feuerherden der Bauern Wartchow und Möller in Borntin. Die Riesen gibt es nicht mehr; sie gaben sich selbst den Tod oder starben aus, weil sie keine Kinder hatten.
In weiteren Volkssagen erscheinen verschiedene Waldwesen (Klabautermann) oder Korngeister (Kornmuhme). Ein furchtbares Schreckgespenst ist der Teufel, Urheber alles Bösen, der in mannigfachen Gestalten erscheint. Oft begegnen ihm Schatzgräber. Da sie beim Graben nicht reden dürfen, gelingt es dem Teufel, sie durch List zum Sprechen zu bringen. Der Steinteufel soll unter dem großen Stein von Groß Tychow wohnen, wo der goldene Götze Triglaff vergraben ist. Auf Rügen sitzt der Teufel in einem Stein vor dem Dorf, um den früher die frisch getrauten Eheleute herumgegangen sein sollen.
In manchen Sagen bedienen sich die Menschen einer List gegenüber dem Teufel, indem sie den Hahn vorzeitig zum Krähen bringen, so in der Sage über die Maränen im Madü-

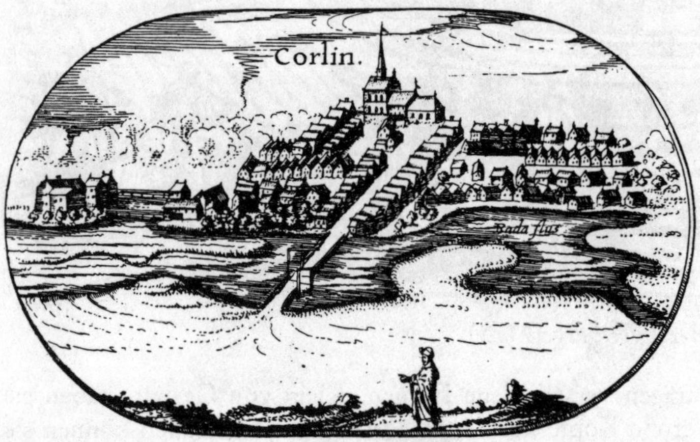

Cörlin — Ansicht von Lubinus (1618)

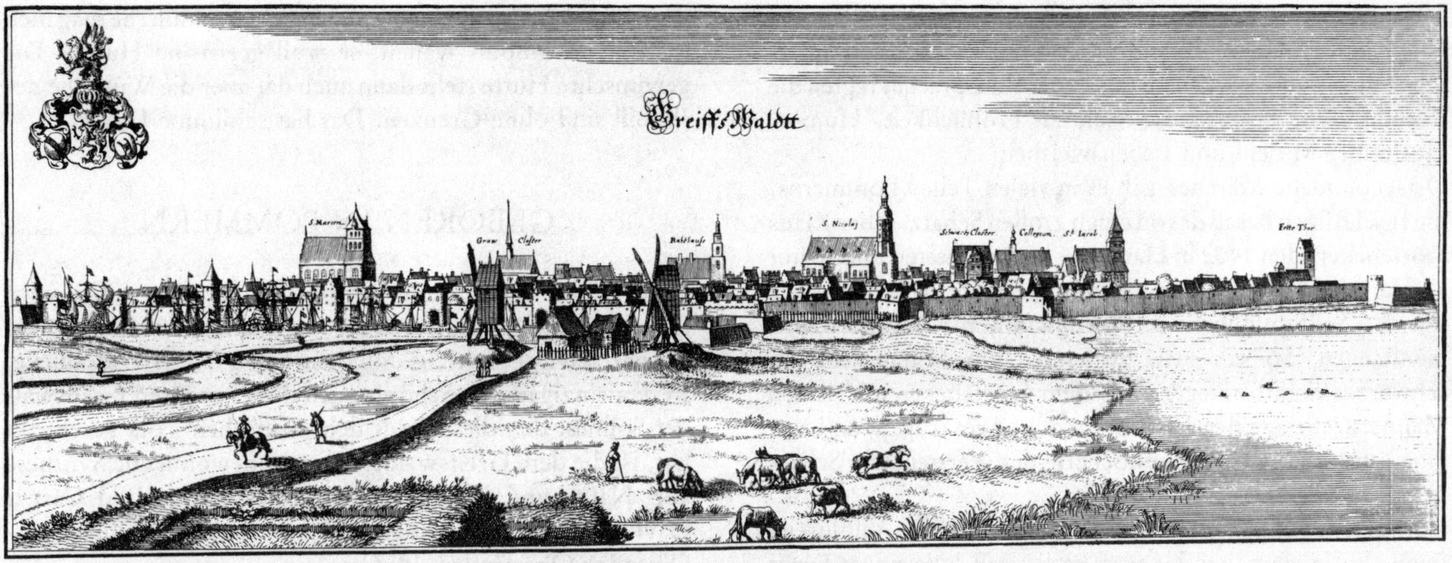

Panorama von Greifswald – Merian, 1652

see. Ein Abt aus Italien aß für sein Leben gern Maränen, die in den Tiefen oberitalienischer Seen leben. Traurig saß der fromme Mann am Ufer des Madüsees. Da erschien der Teufel und bot ihm an, Maränen aus Italien zu holen unter der Bedingung, daß ihm der Abt seine Seele verschreibe, wenn er vor dem ersten Hahnenschrei zurück sei. Für heimatliche Maränen lieferte er sich dem Teufel aus. Doch sofort bereute der Abt seinen Pakt mit dem Teufel und holte sich bei einem Klosterbruder Rat, der Tierstimmen nachahmen konnte. Dieser bezog schon frühmorgens seinen Platz im Schilf. Als der Teufel nahte, gab er laut einen Hahnenschrei von sich. Vor Zorn ließ der Teufel die Maränen in den Madüsee fallen. Seitdem schwimmen auch dort Maränen herum.

Vom Hausgeist sagt E. M. Arndt, er treibe in Gestalt des »kleinen rauchen Männchens« unter dem Namen »Puk« oder »Kobold« sein Wesen und sei ein das Haus durchstöbernder Spaß- und Neckgeist. Schlampige Hausfrauen, faule Gesellen und Knechte strafe er, fleißigen und ordentlichen Leuten hingegen helfe er bei der Arbeit. Manche Hausgeister sind ans Haus gebunden, andere dagegen nicht; meistens sind sie böse. Daneben gibt es den »Drak«, »Alf«, »Balb«, »Rasselbock«, »Rotjack«. Puks sind vorwiegend auf Rügen, Usedom und Wollin bekannt, Kobolde in Hinterpommern; sonst sind Hausgeister über ganz Pommern verstreut.

Schiffsgeist ist der Klabautermann, ein kleines Männchen mit großen Augen, schwarzer Jacke und roter Mütze, der auch ein blanker Käfer, Laubfrosch oder der Schiffshund sein kann. Mit dem Holz ist er aufs Schiff gekommen, er hilft ihm in der Not, ist die Seele des Schiffs; man muß ihn pflegen. Als einst eine Besatzung den Schiffshund von Bord jagte, ging ihr Schiff unter. Vor manchem Unheil verläßt der Klabautermann das Schiff von selbst.

In der Schummerstunde erzählte Großmutter den Kindern Märchen im elterlichen Hause. Es war warm und gemütlich in der Stube vor der Weihnachtszeit. Grimms Märchen, die uns Kinder in eine andere Welt zauberten, waren unerschöpflich und sprachen zu uns in der Bildsprache, regten die Phantasie an, erzogen die Seele zu Fröhlichkeit, Humor, Hoffnung, Mitleid und Lebensweisheit.

Ortsgebundene Märchen gab es in vielen Teilen Pommerns, die Insel Rügen besaß davon einen großen Schatz. Über Klaus Störtebeker, den 1402 in Hamburg hingerichteten und später als Volksheld verehrten Freibeuter, gibt es örtliche Sagen, die mit den Schlupflöchern im Königsstuhl auf Rügen zusammenhängen. So sah man manchmal um Mitternacht ein schwarzes Schiff anlegen, aus dem Störtebeker mit seinen Männern, die alle den Kopf unter dem Arm trugen, an Land ging, um aus den Schlupflöchern den versteckten Schatz herauszuholen.

Von einem Mönchguter Bauernsohn, der das »Aalblüsen« (eine alte Jagdart, bei der man nachts mit loderndem Feuer das Tier blendete und mit dem Speer erstach) so leidenschaftlich betrieb, daß er nach dem Fluch seiner Mutter bis zum Jüngsten Tag auf dem Wasser »blüsen« muß. Zuweilen konnte man nachts sein rotes Licht auf den Wellen leuchten sehen.

E. M. Arndt begann Sagen und Märchen seiner Heimat zu sammeln. Der Maler Philipp Otto Runge aus Wolgast übergab den Brüdern Grimm für ihre Sammlung das Märchen »Von dem Fischer un syner Fru« in Plattdeutsch; darin heißt es: »As de Mann an den Strand köhm, wör de See ganß grön un geel un gornich meer so blank; so güng he stan un säd:

›Manntje! Manntje! Timpe Te!
Buttje, Buttje in de See!
Myne Fru, de Ilsebill,
will nich so, as ik wol will.‹

Do köhm de Butt answemmen un säd: ›Na, wat will se denn?‹ ›Ach‹, säd de Mann, ›ich hebb dy doch fungen hatt, nu säd myn Fru, ik hadd my doch wat wünschen schullt. Se mag nich meer in 'n Pißputt wanen, se wull geern 'ne Hütt.‹« Die gewünschte Hütte steht dann auch da, aber die Wünsche der Ilsebill sind ohne Grenzen. Das hat schlimme Folgen.

GEBOREN IN POMMERN

»Die schöne Erinnerung an die Greifswalder Jahre wird täglich bei mir wach, wenn ich von meinem Arbeitstisch auf Caspar David Friedrichs ›Silhouette von Greifswald‹ blicke. In den einzigartigen Schöpfungen dieses größten Greifswalder Sohnes, den diese Stadt dem deutschen Volk geschenkt hat, ist die dem Greifswalder Raum innewohnende Synthese von Natur und Geist gedeutet worden. Das Bild Caspar David Friedrichs ist zugleich eine stumme Mahnung...« (Theodor Oberländer, 1956)

Caspar David Friedrich, 1774 in Greifswald geboren, gestorben 1840 in Dresden, erhielt nach dem Besuch der Stadtschule Zeichenstunden bei dem Universitätslehrer Quistorp, der mit seinen Schülern Wanderungen in weite Ebenen der Umgebung und nach Rügen unternahm und mit ihnen am Meer unter den weißen Kreidefelsen stand. So entwickelte Friedrich ein tiefes Naturgefühl; er wollte die Natur nicht nach Bildern malen, sondern sie selbst studieren, indem er den Geheimnissen der Schöpfung nachspürte. Zu seinen Lieblingsplätzen gehörte die Ruine des Klosters Eldena; ihre gotischen Baureste erscheinen später erstmals in der deutschen Malerei.

In Dresden beeindruckte sein Bild »Kreuz im Gebirge« die Gräfin Thun, die ihn bat, das Motiv für ihren Altar in der Hauskapelle zu wählen. Umgeben von hohen Tannen, leuchtet der Heiland am Kreuz im Abendrot, ein Stück Natur wird Ausdruck religiösen Empfindens. Sein Bild »Der Mönch am Meer« zeigt die nicht über den Horizont hinausragende Gestalt im unendlichen Raum, die Kluft zwischen der Zeit-

lichkeit und dem Ewigen. Man fühlt, wie verwoben der Mensch mit der Unendlichkeit Gottes ist. C. D. Friedrich hat man den »Maler der unendlichen Landschaft« genannt; das zeigen Bilder wie »Wiesen vor Greifswald«, »Regenbogen über Rügen«, »Hünengrab am Meer«, »Meeresküste im Mondschein« und »Kreuz im Gebirge«.
Mit ihm verkörpert ein zweiter Pommer, Philipp Otto Runge, geboren 1777 in Wolgast, den Inbegriff deutscher Romantik. Beide verbindet die Liebe zur Natur und die tiefe religiöse Ehrfurcht vor der Schöpfung.
Als Kind betrachtete Runge gern Blumen und lernte von seiner Mutter, sie in Scherenschnitten nachzubilden. Er ging zu seinem älteren Bruder nach Hamburg in die Kaufmannslehre. Der erkannte seine Begabung und schickte ihn zu einem Maler in den Unterricht und anschließend an die Kopenhagener Kunstakademie. In Dresden versuchte Runge mit seinem Landsmann Friedrich eine neue Kunst zu schaffen und die Geheimnisse der Farbe zu erforschen; auch mit Goethe verband ihn das Studium der Farben.
Nach Wolgast zurückgekehrt, widmete er sich der Porträtmalerei. Runge will nicht nachahmen, sondern die Landschaft dichterisch deuten, das künstlerische Schaffen sollte aus dem Innern kommen. Auf dem Bild »Wir Drei« hat er sich mit seiner Frau und seinem geliebten Bruder dargestellt. Auf seinen Bildern erscheinen die Kinder als Wunder von Gottes Schöpfung. Seine Gemäldereihe »Die Tageszeiten« konnte er wegen seines frühen Todes (1810) nicht vollenden; lediglich »Der Morgen« wurde fertig. Es wird Tag, die Sonne geht auf und beleuchtet die Wiese, während ein Kind dem Tag entgegenlacht. Eine Wunderblume läßt erahnen, daß das Geheimnis des Lebens nicht von dieser Welt ist.
Das »Bildnis der Eltern« ist eines seiner schönsten Werke, aus der letzten Fassung hat der Künstler eine Charakterdarstellung gemacht. Einfachheit, Herbheit, Unerschütterlichkeit und bürgerliche Würde sprechen aus der Haltung und dem Gesichtsausdruck des Vaters, bei der Mutter zeigt die Gestalt

C.D. Friedrich: Die Frau am Abgrund

Alter und Last des Lebens. Man merkt, beide Gestalten gehören zusammen: Sie sind gemeinsam gealtert.
Der 1834 in Tribsees geborene Maler Carl Ludwig Douzette war wie sein Vater zunächst Stubenmaler. Sein französischer Großvater war als Feldprediger nach Schweden gegangen. Douzette hat die Bezeichnung »Meister der Mondlandschaft« erhalten und 1700 Gemälde geschaffen, die in Museen der ganzen Welt Aufnahme fanden: »Mondnacht am Prerowstrand«, »Mondnacht am Teich«, »Mondlandschaft mit Mühle«, »Mondnacht am Golf von Venedig«. Seine Bilder atmen Stille. Der Künstler starb 1924 in Barth.
Als ältester Bildhauer unter den Pommern ist Bernt Notke bekannt, geboren 1440 in Lassan bei Anklam. Der Gemäldefries »Lübecker Totentanz« in der Marienkirche ging beim Luftangriff unter. Werke von Notke befinden sich im Bereich der Hanse, in Friesland, Hamburg, Lübeck, Elbing, Reval,

auf Gotland, in Aarhus, Bergen (Norwegen) und Stockholm. In unserer Zeit schuf der 1889 in Belgard geborene Granitbildhauer Joachim Utech den »Dorfschulmeister«, »Fischer« und die Plastik »Nach dem Sündenfall«. Sein größtes Werk der »Alte Hirte« steht im Nationalmuseum in Rom. 1947 hatte er im Keller einer Schule in Lüneburg wieder eine Werkstatt eingerichtet; über 200 Plastiken, auch solche aus Holz, hat er geschaffen.

Der als Bauernsohn auf Rügen geborene Ernst Moritz Arndt (1769–1860) studierte in Greifswald und Jena Theologie. Später wandte er sich der Geschichte zu und wurde Professor in Greifswald, dessen Universität heute noch mit Stolz seinen Namen trägt. In seinem »Versuch einer Geschichte der Leibeigenschaft in Pommern und Rügen« spricht er die leidige Bauernfrage an. Denn in seiner rügenschen Heimat gab es viele Leibeigene, auf einen freien Bauern kamen drei unfreie. Über die Gutsbesitzer urteilte er: »Wenn diese im Bauernlegen so fortfahren, gibt es in zwanzig Jahren kaum noch einzelne Bauern unter ihnen.« Seine Schrift mag dazu beigetragen haben, daß Schweden schon 1806 die Leibeigenschaft in seinen deutschen Landen abschaffte.

Arndt bejahte das natur- und geschichtsgebundene Recht der

Philipp Otto Runge, Scherenschnitt aus der Kinderzeit

Völker und war ein leidenschaftlicher Kämpfer für die deutsche Einheit. 1805/06 erschienen die ersten Bände seines Werkes »Geist der Zeit« (4 Bände), in denen er die Liebe zum Vaterland und das Selbstbewußtsein der Gemeinschaft forderte.

Unter den Zwängen seiner Zeit war er ein großer Deutscher. Es gab niemand, der in seiner Rede, Leidenschaftlichkeit und Liebe zu seinem Volk wirkungsvoller gewesen wäre als dieser Pommer. Er predigte Haß gegen Napoleon und deutsche Fürsten, die ihm folgten. »Dieses Vorrecht freier deutscher Männer hat Gott uns wiedergegeben, der nicht gewollt hat, daß fremde Tyrannen über uns herrschen.« Manche seiner Worte klingen in unseren Ohren etwas schrill, aber anders, meint Hellmut Diwald, hätten sich die Befreiungskriege gegen Napoleon nicht einleiten lassen.

E. M. Arndt ist jedoch auch ein pommerscher Dichter in Prosa, Märchen und Erzählung, in Versen und Liedern, selbst in Kinderliedern wie »Du lieber heiliger frommer Christ«, das er für seinen kleinen Sohn gedichtet hatte, in vaterländischen Liedern und Gedichten wie »Deutsches Herz, verzage nicht«, »Der Gott, der Eisen wachsen ließ«, »Was ist des Deutschen Vaterland?«, »Was blasen die Trompeten?«; in Kirchenliedern »Auf bleibet treu und haltet fest«, »Ich weiß, an wen ich glaube«, »O Gottes Geist und Christi Geist«.

Franz Kugler ist 1808 in Stettin geboren. Er studierte Architektur und ist als Kunsthistoriker bekannt. In seinem künstlerischen Schaffen war er vielseitig und gilt als Dichter und Maler. Als vortragender Rat im Kultusministerium erneuerte er das preußische Kunstwesen. Bekannt ist sein Lied »An der Saale hellem Strande«.

Das Geschlecht der Freiherren von Kleist zählt zu den angesehensten ganz Pommerns; von Christian Ewald von Kleist, 1715 in Zeblin bei Bublitz geboren, 1759 in der Schlacht von Kunersdorf gefallen, als Dichter von Liebesliedern und Naturgedichten vergessen, blieb »Der gelähmte

Kranich« im Gedächtnis lebendig: Sein Freund Gotthold Ephraim Lessing hat ihm als Major von Tellheim in »Minna von Barnhelm« die Erinnerung bewahrt.
Als Tochter des Barons von Blittersdorf in Molstow, Kreis Greifenberg, wurde Rita von Gaudecker 1879 geboren. Von 1919 bis 1945 lebte sie in Deep, gründete drei Kinderheime für bedürftige und elternlose Kinder. Seit 1914 war sie Leiterin der Jugendhilfe des Kapellenvereins und hatte nach den Unterlagen von Thea Lönnies, früher Treptow, den 1885 von Berta von Kröcher unter der Devise »Wir wollen helfen!« gegründeten Kapellenverein übernommen. Für ihre Kinderarbeit schrieb Rita von Gaudecker viele Bücher: »Unter der Molstower Linde«, »Meine kleine Laterne«, »Der Tag, der vergangen ist«, »Lieder der Küste« und andere. Der »Helferbund Rita von Gaudecker« besteht noch; er hilft Menschen in Mittel- und Ostdeutschland.
Eigentlich hieß Hans Fallada Rudolf Ditzen, 1893 in Greifswald geboren, in Berlin 1947 gestorben. Bekannte Werke sind: »Kleiner Mann, was nun?«, »Wer einmal aus dem Blechnapf frißt«, »Wolf unter Wölfen«, »Der Kavalier von Stralsund«, »Bauern, Bonzen und Bomben«.
Am 11. April 1986 starb in Hamburg der Schriftsteller und Schauspieler am Ohnesorg-Theater Klaus Granzow, 1927 als Bauernsohn im Dorf Mützenow, Kreis Stolp, geboren. Noch vor Beendigung der Schulzeit kam er als Hitlerjunge ans Flakgeschütz, dann zu Arbeitsdienst und Wehrmacht und in sowjetische Kriegsgefangenschaft. Seit 1948 lebte er in Hamburg. Er schrieb zahlreiche Rundfunksendungen und wirkte in verschiedenen Fernsehfilmen mit. 1965 erschien das »Tagebuch eines Hitlerjungen«. Er schrieb Bücher über Pommern und erhielt 1976 den Pommerschen Kulturpreis. Mehrfach wurde er für Erzählungen und Hörspiele ausgezeichnet, so mit dem ersten Preis im Wettbewerb zum Thema »Deutsche Auswanderer heute« für seine Funkerzählung »Estrada Pommeranus« (Brasilien).
Nicht in Pommern, sondern 1796 in Lobejün bei Halle

Ernst Moritz Arndt

geboren ist Karl Loewe. Schon als Junge kam er mit Chor- und Orgelmusik in Berührung; er sang vom Blatt, was man ihm auch vorlegte. 1821 wurde er Musikdirektor in Stettin. Von seiner Orgel in der Jakobikirche sagte er: »Diese schöne große Orgel habe ich vom ersten Tag geliebt, wie man eine schöne unendliche Seele liebt, in der man Verständnis, Trost und Freude findet«. Neben 400 Balladen, Liedern und Chorgesängen hat er 18 Oratorien, Opern und zwei Symphonien geschaffen. Von seinen Balladen sind besonders beliebt: »Erlkönig«, »Zauberlehrling«, »Heinrich der Vogler«, »Fridericus Rex«, »Prinz Eugen«, »Archibald Douglas«. Konzertreisen führten Loewe in die wichtigsten Städte Deutschlands, nach Wien und London. Seit 1837 war er ordentliches Mitglied der Königlichen Akademie der Künste in Berlin. In Erfüllung seines letzten Wunsches hat man sein Herz in einem Pfeiler »seiner« Orgel in der Jakobikirche eingemauert.
Adolf Reinhard Pompe, der Dichter des Pommernliedes, ist

Pommernlied

Weise: Karl Groos, 1818 — Satz: Wilhelm Wapenhensch

Jetzt bin ich im Wandern,
bin bald hier, bald dort;
doch aus allen andern
treibt mich's immer fort.
Bis in dir ich wieder
finde meine Ruh',
send' ich meine Lieder
dir, o Heimat, zu!

1831 in Stettin geboren und studierte in Halle Theologie und Philologie. Das Lied hatte er einem Brief an die Mutter beigelegt, datiert am 19. März 1852. Nach jeder pommerschen Veranstaltung singen Pommern die erste und fünfte Strophe.
1857 kam Pompe an das Friedrich-Wilhelms-Gymnasium in Greifenberg; vorher hatte er in Stettin und Dresden gewirkt. 1861 ging er als Oberprediger nach Labes.
Aus Groß Zarnow im Pyritzer Weizacker stammt Wilhelm Wapenhensch, geboren 1899. Schon als Kind begleitete er Loeweballaden am Klavier, als achtjähriger Schüler vertrat er den Dorfkantor im Krankheitsfall. Mit Freude folgte er nach seinem Musikstudium dem Ruf der Stettiner Schulbehörde, war Organist an der Loewe-Orgel, 1929 Lehrer an der Kaiserin-Auguste-Viktoria-Schule, Organist an Peter Paul und Musikfachberater für die höheren Schulen Pommerns. Etwa 100 Arbeiten hat er dem Pommerschen Musikarchiv geschenkt, darunter befindet sich die große Choralkantate für Soli, Chor und Gemeindegesang. Für Pommern schrieb er »In der pommerschen Spinnstube« für Soli, Chor und Kammerorchester, 1958. Als Kenner nordischer Musik schuf er die »Nordland-Suite«, 1961. »Heimat am Meer«, eine abendfüllende Liedkantate, entstand 1964.
Als Militärmusiker ist Karl Teike, 1864 in Stettin geboren, berühmt geworden. Über 100 Märsche hat er komponiert: »In Treue fest«, »Graf-Zeppelin-Marsch«, »Treue um Treue«. Der Marsch »Alte Kameraden« ist weltbekannt, er ist der meistgespielte Marsch überhaupt.
Als Frau eines Hippologen (eines Pferdekundigen) kam Martha Müller-Grählert, 1876 in Barth geboren, nach Japan. Nach dem Tode ihres Mannes betätigte sie sich in ihrer Heimat als Schriftstellerin und schrieb Schelmenstreiche und plattdeutsche Gedichte. Auf der Halbinsel Zingst ist ihr bekanntes Lied »Mine Heimat« entstanden.
Überall an der Ostsee wird dieses Lied gesungen; in Nordwestdeutschland singt man: »Wo de Nordseewellen trecken

an den Strand«; gewisse Abweichungen gibt es auch anderswo, doch das Lied gehört nach Pommern.

In Wusterbarth bei Belgard 1879 geboren, aber im Pfarrhaus in Rappin auf Rügen groß geworden, ging Bernhard Trittelvitz nach seinem Studium und einer kurzen Tätigkeit als Arzt in Delmenhorst nach Elversberg im Saarland. Bis 1945 erschienen seine Bücher in hochdeutscher, danach nur in plattdeutscher Sprache. In seinen Büchern lebt eine starke Heimatliebe zu seinem »Muttland« Rügen. Einige Titel: »Meine Patienten, die Saarkumpels, und ich«, »Fiete un sien Bull«, »To lütt för de Leew«, »De dree Seeröwers«, »So sünd wir Pommern«. »Ick heww een goden Stüermann«, erschienen 1964, sind Andachten, die er im Rundfunk hielt und die in Kirchenzeitungen abgedruckt wurden. Viele Gedichte konnte man in der Pommerschen Zeitung lesen. Wilhelm Wapenhensch hat einige vertont: »Mien Pommerland« und »Deep in mien Harten«.

Von Rügen stammt der Historiker Hans Delbrück, 1848 in Bergen geboren. Er wurde Nachfolger Treitschkes an der Universität Berlin und deckte die Zusammenhänge zwischen Kriegsmethodik und Staatsleben auf. Allmählich gelangte er zu einer unabhängigen Darstellung, die ihn von der Flottenpolitik vor dem Ersten Weltkrieg abrücken ließ.

Bekannter ist der in Treptow an der Rega geborene Johann Gustav Droysen (1808–1884), der aus der Geschichte des Hellenismus politische Lehren für die eigene Nation ziehen wollte. Als Mitglied der Frankfurter Nationalversammlung trat er für das Erbkaisertum und das Aufgehen Preußens in Deutschland ein. Als Schriftführer des Verfassungsausschusses übte er starken Einfluß auf die Verfassung von 1849 aus. Wie Ernst Moritz Arndt war er nicht nur Historiker und Politiker, sondern auch Dichter, dessen »Geschichte Alexanders des Großen« eine künstlerische Leistung ist.

In der medizinischen Welt haben Virchow, Billroth und Schleich einen guten Ruf erlangt. Rudolf Virchow, 1821 in Schivelbein geboren, ist der bekannteste unter ihnen. Es gibt

Mine Heimat

Zuerst einstimmig zu singen

Well' und Wogen rauschten mi mien Weigenlied,
un de hogen Dünen seg'n mien Kinnertied,
segen uk mien Sehnsucht un mien hart Begehr,
in de Welt tau fleigen äwer Land und Meer.

Woll hett mi dat Lewen dat Verlangen stillt,
hett mi allens geven, wat mien Hart erfüllt.
Allens is verswunnen, wat mi quält un drev,
hew nu Freden funnen – doch de Sehnsucht blev.

kaum ein Gebiet der Pathologie, das dieser Arzt nicht unmittelbar gefördert hat. Er gilt als Mitbegründer der Deutschen Gesellschaft für Anthropologie, Ethnologie und Urgeschichte (1868). Als entschiedener Liberaler war er Mitglied des Preußischen Abgeordnetenhauses und des Deutschen Reichstages.

Im Postwesen hat Pommern im 19. Jahrhundert bedeutende Männer hervorgebracht. Heinrich Schmückert, 1790 als Sohn eines Knopfmachers in Greifenberg geboren, zeichnete sich als freiwilliger Jäger im Befreiungskrieg 1813 aus. Nach einer schweren Verwundung arbeitete er sich bis zum Generalpostmeister empor und schuf so die Grundlagen für seinen Nachfolger.

Heinrich von Stephan, 1831 in Stolp geboren, hat seine umfangreichen Sprachkenntnisse mit viel Geschick gebraucht und gilt als Begründer des Weltpostvereins, dem heute 160 Staaten angehören. Von seinen Ideen seien nur die Postanweisung und Postkarte genannt.

In Siegmund Schlingtings Musik klingen Polka- und Rheinländermelodien durch. Ein Stettiner Musikverleger hat aus der »Beyersdorfer Kreuzpolka« des 1853 in Isinger im Weizacker geborenen Komponisten die »Stettiner Kreuzpolka« gemacht, zu deren Klängen die lustige Gesellschaft bei einem Richtfest im Jahre 1885 zum ersten Mal tanzte:

»Siehste de woll, da kimmt er,
lange Schritte nimmt er,
siehste woll, da kimmt er schon,
der versoffene Schwiegersohn.

Als »Vater des Rundfunks« gilt der 1879 in Schlawe geborene Hans Bredow. Nach seiner Tätigkeit bei der Telefunken GmbH schuf er ein deutsches Weltfunkverkehrsnetz; im Reichspostministerium machte er Karriere und war von 1926 bis 1933 Reichsrundfunk-Kommissar. Er starb 1959 in Wiesbaden.

Den alten Traum des Ikarus wollte der 1848 in Anklam geborene Flugpionier Otto Lilienthal verwirklichen. Nach vielen Studien des Vogelfluges und Probefliegen im Zimmer gelang ihm 1891 der erste Gleitflug über eine Strecke von 25 m Länge, danach 300 m; er baute 18 verschiedene Flugzeugtypen. 1896 stürzte er in den Rhinower Bergen tödlich ab. Wer konnte damals die Entwicklung der Fliegerei erahnen?

MUDDERSPRAK UND HUMOR

»To jede Tiet, bi Dag un Nacht,
bi Sünnenschien un Daak,
deep in mien Harten singt un lacht
mien leev oll Muddersprak.«

Bernhard Trittelvitz

Plattdeutsch ist die Sprache der Menschen, die vom äußersten Westen Deutschlands bis zur Memel im Küstenland wohnen; man verstand sich trotz mancher Unterschiede. In der Stadt sprach man mehr hochdeutsch, konnte sich jedoch auch auf Plattdeutsch verständigen.

In der Dorfschule sagte der Lehrer der ersten Klasse: »Herbert, Du mußt auch einmal hochdeutsch sprechen.« »Wat schatt dat«, war die Antwort. Schüler vom Lande hatten es schwerer, im Fach Deutsch mit Stadtschülern mitzukommen, Dativ und Akkusativ bereiteten Sorgen. »Mi« oder »di« war eben einfacher als »mir« oder »mich« auseinanderzuhalten.

Zur Zeit Johannes Bugenhagens, des Reformators Norddeutschlands und Dänemarks, sprachen noch alle Pommern plattdeutsch; deshalb übertrug der Freund Martin Luthers die Bibel in die plattdeutsche Sprache. Durch Behörden und Schulen setzte sich das Hochdeutsche allmählich stärker durch. Mit der Vertreibung ist das jenseits der Oder gesprochene pommersche Platt leider auf Dauer zum Aussterben verurteilt.

Manche Anekdoten, Schnurren oder Witze bringt der Pommer gern in seiner Muddersprak. »Dat is manchmal bäter, wenn't plattdütsch vertellt ward, da kümmt daurup an, wer tohört.« Manche Ausdrücke kann man im Plattdeutschen in bester Gesellschaft benützen, im Hochdeutschen nicht. »Dat is schiet« stört keinen Menschen.

Gesunden Humor besitzt der Pommer, mag ihm auch der bewegliche Witz des fröhlichen Rheinländers fehlen; um eine Antwort ist auch er nicht verlegen. Unter Humor versteht man zunächst die Laune, die gute Stimmung. Sie kann zuweilen oberflächlich sein; echter Humor dagegen kommt aus der Tiefe der Seele. Den Widerwärtigkeiten des Lebens und den menschlichen Schwächen kann er ein wohlwollendes Lächeln entgegenbringen. »Humor ist, wenn man trotzdem lacht«, sagt der Pommer gern. Über sich selbst lächeln und spötteln können ist Gewinn.

Ein fröhliches Herz macht vieles leichter, mindert den Ernst des Lebens, gibt neue Kraft, entstammt einem reichen Gemütsleben. Sei deshalb jeden Tag dankbar, »wenn du hest krägen een fröhlich Hart!«

Von Königen, großen Politikern, Pastoren, Gutsbesitzern mit ihren Bediensteten, Bauern und von Heirat und Liebe ist hier die Rede. Pommerscher Humor kann durchaus derb sein und schont niemanden.

*

Als Friedrich Wilhelm IV. 1840 zu seiner Krönung nach Königsberg fuhr, baute man Ehrenpforten, begrüßte ihn in Vorpommern mit Gesang und Reden aus fröhlichem Herzen. Auf der Oderbrücke nach Hinterpommern leuchtete ihm ein Spruchband entgegen, worauf zu lesen stand:

»In Vorderpommern wurdet Ihr
Mit Jubel aufgenommen,
Drum schallt Euch aus dem Hintern
Jetzt ein donnerndes Willkommen.«

J. Ammann (1958): Barther Bibel

Otto von Bismarck war aufs engste mit Pommern verbunden. Seine Kindheit und Jugend verlebte er zum Teil auf Gut Kniephof, Kreis Naugard, in seiner Zeit als der »tolle Bismarck« nannte er es auch Kneiphof. Später lebte er mit Johanna von Puttkamer auf Gut Varzin. Er schätzte den pommerschen Menschen. So meinte er bei der beabsichtigten Abtretung Sansibars, ganz Sansibar sei ihm nicht so viel wert wie die Knochen eines einzigen pommerschen Grenadiers.

*

Auf Rügen mußte Bismarck die pommersche Grobheit kennenlernen. Dicht bei Lauterbach liegt am Bodden der Fischerort Neuendorf, auf der anderen Seite steht das Denkmal des großen Kurfürsten, der hier landete, um die Schweden zu verjagen. Dieses Denkmal wollte Bismarck besehen. Ein Fährmann war weit und breit nicht zu sehen. Der Kanzler betrat also die Hoflage eines Fischers. Da fuhr ihm auch schon der bissige Hofhund an die Beine. Knapp konnte er sich des Köters erwehren. Endlich kam der Fischer. »Zum Henker«, sagte Bismarck, »wie können Sie sich solch einen bissigen Köter halten?« »Wat hebben Sei hier tau säuken?«, brüllte der Fischersmann, »blieben's doch up die Straat!« Nach einigem Hin und Her ging die Fahrt los. Bismarck und der Fischer guckten sich vergrätzt an.

Auf der Rückfahrt fragte er den Kanzler: »Sei sind woll ut Berlin?« »Ja«, lachte Bismarck, »ich bin Berliner«. »Hebben sei usen König all mal seihn?« »Ja, oft!« »Un Bismarck?« »I, was ist an dem wohl zu sehen?« Da wurde der Ferge wild: »Wat, man nich dämlich reden, dat is uns best!«

Als sie an Land kamen, gab Bismarck dem Fischer einen Taler. »Ne«, sagte der grimmig, »von Sei will ick nicks schenkt hebben, de Fohrt kost fief Groschen!« – »Na, Sie sind doch ein Freund von Bismarck, und die Leute sagen immer, daß ich ihm ähnlich sehe. Nehmen Sie den Taler zum Andenken.« Da sah der Fischer seinen Fahrgast groß an: »Herr, Sei sünd dat jo sülfst. Nehmens nich öwel, äwerst den ollen Hund will ick dat besorgen!«

*

Feldmarschall von Wrangel, 1784–1877, im Volksmund »Papa Wrangel« genannt, erreichte durch Pflichttreue und persönlichen Schneid höchste militärische Ehren. Urwüchsiger pommerscher Humor und eine Dosis Komödiantentum machten ihn zum volkstümlichsten Mann seiner Zeit. Unzählige Anekdoten und Schnurren, wahrheitsgetreu überliefert oder erfunden, charakterisieren seine Persönlichkeit. Mit dem Dativ und Akkusativ stand er allerdings auf dem Kriegsfuß.

*

Wrangel erhielt eine Einladung zu vier aufeinanderfolgenden Festlichkeiten. Auf der Karte war die Bitte ausgesprochen mitzuteilen, auf welcher der Festlichkeiten man ihn erwarten dürfe. Der Feldmarschall soll geantwortet haben: »Ich komme auf allen vieren.«

*

Für den Feldmarschall war der 22. März, der Geburtstag Kaiser Wilhelms I., ein anstrengender Tag! Morgens Gottesdienst, um 11 Uhr Gratulation, bei der er im Namen der anwesenden Generale die Ansprache hielt. Dann wohnte er der Paroleausgabe bei, um 4 Uhr versammelte er bei sich die Generale der Garnison zum Diner, hierauf Besuch der Festoper und endlich Abendgesellschaft bei den Majestäten im Palais. Dort hatte der Feldmarschall in der Eile des Uniformwechsels einige der fremdländischen Ordenssterne nicht richtig, d. h. auf der falschen Seite angesteckt.

Prinz Karl, der diesen Fehler im Anzug bemerkte und Wrangel an und für sich nicht besonders leiden mochte, bat eine Hofdame seiner Frau, den Feldmarschall auf dieses Versehen aufmerksam zu machen. Nach längerem Sträuben entschloß sich die Gräfin dazu, trat an den alten Herrn heran mit der Bemerkung, es wäre höchsten Ortes unangenehm aufgefallen, daß Se. Exzellenz heute die Sterne meistens auf der falschen Seite trüge. Darauf erwiderte ihr der Feldmarschall: »Mein Dochter, wenn du, so wie ich, dir heute viermal die Hosen umgezogen hättest, würdest du auch nicht mehr wissen, ob dir die Piepmätze rechts oder links hängen.«

*

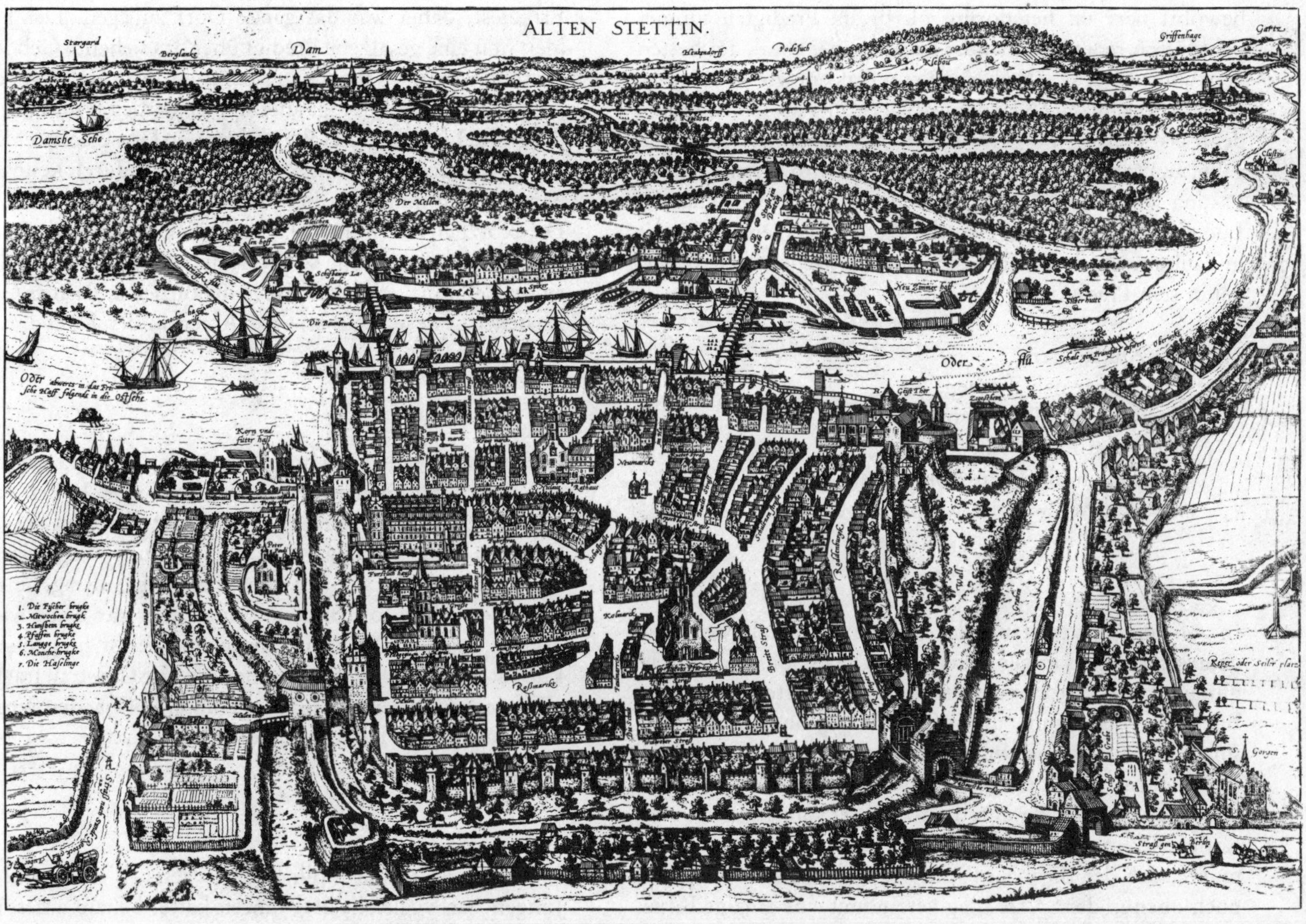

Stettin, Vogelschaubild – Bruin-Hogenberg (1575)

Der pommersche Humor ist ohne den Paster oder Preester nicht denkbar, man sieht in ihm eine Respektsperson, aber man macht sich auch lustig über manche Eigenarten.
In Ziethen bi Anklam lewt vör männig Johr een Paster, dei för plattdütsch Sprak un Ort sik tidlewens een truges Hart bewohrt harr un hei dorüm ok bi sin Prädigten ümmer plattdütsch reden ded, wildat sin Burn dei Sprak am besten verstünnen. Dit sprök sik rüm un in Anklam wir männigeen, dei vun Niegligkeit (Neugierde) plagt würr, un so beschlöten denn eis 'ne Reig Börgers, an eenen Sündag nah Ziethen to gahn, ünn dat »Original von Geistlichen« to hüren. Dei oll Pasting wir äwer sihr argerlik, denn hei markt woll, dat dei Lüd nich ut Framheit un Gottsfurcht to em kemen, un dormit in Taukunft em dei dämlichen Städters in Freden leten, ballert hei in sein Prädigt los:

»Ji Anklamiten
kamen her nah Ziethen,
to hüren den Paster von Ziethen.
Awer dei Paster vun Ziethen
ward Juch niegliken Anklamiten
wat schieten!«

*

In seinem Garten stand der schöne Schmalzbirnenbaum überreich voller saftiger Früchte. Als eines Sonnabendnachmittags Herr Pastor seine Predigt ausarbeitete, fielen seine Blicke auf den Baum, und er freute sich ob des reifenden süßen Segens. Da aber wunderschönes Wetter war, beschloß er, die Birnen noch einige Tage hängen zu lassen.
Wie erschrak aber der gute Pastor, als er sonntags früh vom Kaffeetisch aus in seinen Garten blickte und feststellen mußte, daß der Birnbaum seiner Früchte beraubt war. Nur noch oben in der Spitze hing vereinsamt eine einzige Birne. Tief bekümmert ob der Verderbtheit der Menschen, nahm der Pastor eine Leiter, stieg seufzend auf den Baum und holte die wehmütige Erinnerung an seine erhoffte Ernte herunter. Dabei durchzuckte ihn eine köstliche Idee, wie er den Obstdieb ermitteln könne.
Er nahm also die Birne mit in die Kirche. Es war gerade Erntefest, daher war das ganze Dorf zugegen. Der Pastor hielt nun eine gesalzene Predigt über das siebente Gebot und erzählte von der Kanzel den ruchlosen Vorgang. Am Höhepunkt seiner Strafpredigt aber hob er wirbelnd und drohend die große Birne in die Höhe und sagte: »Den Übeltäter kenne ich genau, und ich werde ihn euch allen dadurch kennzeichnen, daß ich ihm jetzt diese Birne an den Kopf werfe.«
Da, plötzlich durchbrach eine ängstlich kreischende Frauenstimme die entstandene Grabesruhe: »O Mann! Duck di, hei smitt, hei smitt!« Seitdem sollen die Birnen in Pastors Garten so sicher gewesen sein wie das Amen in der Kirche.

*

Eine pommersche Gutsfrau fährt in der Abenddämmerung allein mit ihrem Kutscher zur nächsten Stadt. In der zunehmenden Dunkelheit verliert der alte Kutscher den Weg. Die Gutsfrau sieht in einiger Entfernung einen Wegweiser mit vielen Armen. Der alte Kutscher erhält den Auftrag, hinzugehen und sich zu orientieren. Als er aber gar nicht wiederkommt, will die Frau aussteigen und selbst hingehen. Da kommt der Kutscher jedoch schon an. Die Gutsfrau fragt ihn: »Was trägst Du denn da auf der Schulter?« »Tja, den Wegweiser, Madamken. Ick künn ja doch nich läsen.«

*

Eine Bäuerin in der Gollnower Gegend, die einen kleinen Jungen von vielleicht drei Jahren hatte, bekam eines Tages noch Drillinge dazu. Hocherfreut waren der Bauer und seine

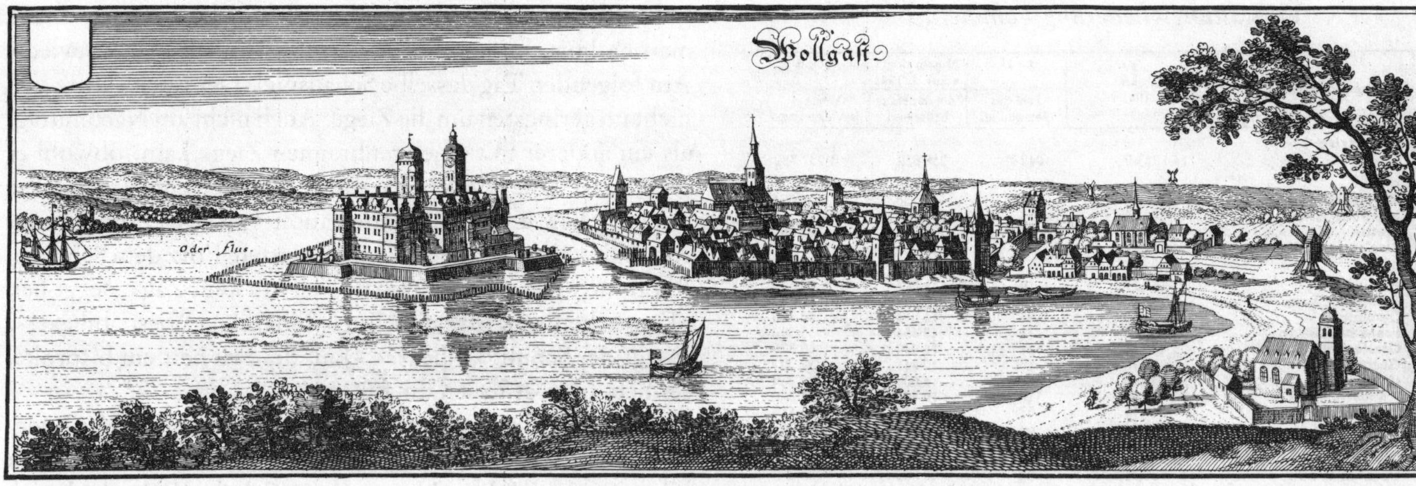

Panorama von Wolgast – Merian, 1652

Frau. Da lagen die rosigen drei Kerle im blütenweißen Bett, und die Bäuerin, noch etwas geschwächt, lag mit leuchtenden Augen daneben. Die Hebamme war nach getanem Werk nach Hause gegangen. Da holte der Bauer den lütten Fritz, den Dreijährigen, um ihm die drei neuen Geschwisterchen zum ersten Male zu zeigen.

Fritzchen besah sich die drei rosaroten Menschlein eine Weile und entsann sich, daß der Vater ihn sicherlich geholt habe, um einen Rat von ihm zu bekommen, so wie es vor 14 Tagen gewesen war, als die Katze Junge bekommen hatte. Und so sagte Fritzchen treuherzig zu seinem Vater: »Ich glow, de in de Mitt' lote wi lewe, de twe annern schlog as dod.«

*

Nach dem Tode ihres Mannes behielt Mutter Dumschlaff die Bockhaltung im Ziegenzuchtverein. Der Gemeinderat beschäftigte sich mit der Angelegenheit. Einige meinten, das sei für ein Frauenmensch nicht paßlich; außerdem brauche die Witwe das viele Deckgeld nicht. So wurde beschlossen, daß die Gemeinde die Bockhaltung in eigene Regie nähme; der Gemeindediener könne den Bock füttern, das alte Spritzenhaus genüge als Stall.

Fritz Graumann, der Gemeindediener, wurde also beordert, 1. der Witwe Dumschlaff den Gemeindebeschluß auszurichten, und 2. den Bock abzuholen. Das gab natürlich ein großes Heulen und Wehklagen. Mutter Dumschlaff konnte sich gar nicht von ihrem lieben Ziegenbock »Hans« trennen. Sie umhalste ihn, sie drückte ihn, sie sprach auf ihn ein – ja, sie küßte ihn auf die nasse Schnauze. Aber Fritz Graumann nahm ihn am Strick und zog mit ihm ab. Noch einmal lief Mutter D. hinterher, faßte den Bock um den Hals, flüsterte ihm Kosenamen ins Ohr: »Min Hänsken, min leiwe Hänsken...«, heulte sie lauthals und drückte ihm noch rechts und links einen Kuß neben seinen schönen langen, weißen Bart. Der Bock stand nun im Gemeindestall. Nächsten Tag kam als erster ein Deputant mit seiner Ziege. Fritz Graumann ließ sie zum Bock in die Bucht – aber der Bock reagierte nicht. Fritz

Verwaltungsgliederung Pommerns

Verwaltungsbezirke	Fläche in qkm am 1. 1. 1941	am 17. 5. 1939 nach dem Gebietsstand vom 1. 1. 1941		
		Zahl der Gemeinden	Zahl der Haushaltungen	Wohnbevölkerung
Regierungsbezirk Stettin	14 182,49	1042	356 619	1 237 782
Stadtkreise:				
Greifswald	34,20	1	10 155	37 051
Stargard i. Pom.	42,09	1	12 264	39 760
Stettin	460,88	1	122 996	382 984
Stralsund	37,92	1	15 466	52 931
Landkreise:				
Anklam	667,27	9	11 047	39 527
Cammin i. Pom.	1 138,47	120	12 343	45 694
Demmin	955,55	93	14 814	54 769
Franzburg-Barth	1 080,66	77	13 454	55 542
Greifenhagen	1 453,66	111	18 949	69 326
Greifswald	929,79	16	10 741	39 207
Grimmen	952,35	67	11 059	42 259
Naugard	1 261,89	116	16 770	61 320
Pyritz	1 046,11	87	12 444	48 418
Rügen	969,45	62	16 445	62 261
Saatzig	1 176,74	96	11 420	43 258
Ueckermünde	1 284,75	90	23 186	79 996
Usedom-Wollin	690,71	94	23 066	83 479
Regierungsbezirk Köslin	12 769,15	1056	176 146	676 790
Stadtkreise:				
Köslin	86,65	1	9 926	33 479
Kolberg	50,18	1	10 874	36 617
Stolp	41,94	1	14 742	50 377
Landkreise:				
Belgard (Persante)	1 649,61	129	20 635	79 183
Bütow	617,34	49	6 933	28 018
Greifenberg i. Pom.	765,48	82	12 029	47 806
Köslin	1 172,18	101	11 885	46 808
Kolberg-Körlin	879,50	79	9 875	38 785
Lauenburg i. Pom.	1 290,06	101	15 526	63 985
Regenwalde	1 191,39	103	13 091	49 668
Rummelsburg i. Pom.	1 213,62	74	10 034	40 692
Schlawe	1 583,98	142	20 382	78 363
Stolp	2 227,22	193	20 214	83 009
Regierungsbezirk Grenzmark Posen-Westpreußen	11 457,36	661	128 304	479 272
Stadtkreis:				
Schneidemühl	77,49	1	12 986	45 791
Landkreise:				
Arnswalde	1 265,09	70	12 491	45 410
Deutsch-Krone	2 152,33	100	18 078	71 737
Dramburg	1 209,83	63	11 682	43 665
Flatow	980,42	69	9 903	39 399
Friedeberg/Nm.	1 102,21	78	15 663	52 499
Netzekreis	890,05	63	11 265	39 824
Neustettin	2 093,06	139	22 277	85 778
Schlochau	1 686,88	78	13 959	55 169
Pommern insgesamt	38 409,00	2 759	661 069	2 393 844

redete ihm gut zu, doch er rührte sich nicht. Sagt er: »Treck man na Hus, kumm morje werre, 't is noch nich so wiet!« Am folgenden Tag dasselbe Schauspiel. Der Bock rührte sich nicht im geringsten um die Ziege. Auch nicht am Nachmittag, als ein anderer mit einer rehbraunen Ziege kam, obwohl er diese Haarfarbe sonst bevorzugte. Als auch eine dritte Ziege ihn kalt ließ und eine Sonderration von drei Pfund Hafer ebenfalls keine Wirkung zeigte, erstattete Fritz dem Schulzen Rapport: »Dei Buck kümmert sick um kein Zäg«, seggt hei, »Dumschlaffsch hätt den Buck bihext!« »Wieso bihext?«, froagt dei Schult, »bihext?« »Jau, dei Fru hett em bisproke, sei hett em wat in 't Ohr flüstert!«

Flugs stürmt der Schulze zur Witwe und stellt sie zur Rede: »Fru, ick teig sei up'm Jericht an, sei hewwe den Buck bihext!« »Ick? Ick — Nee, neeke! – Schult, ick ka doch nich hexe!« »Sei hewwe em bisproke! Sei hewwe em wat in 't Ohr flüstert!« »Datt ick nich lach. Schult, ick hew em doch bloß streichelt un seggt: Hänschen, mien leiwe Hänsken, – tröst di man, nu warst du Biamter – nu brukst du nischt mehr daue!«

Efeuturm der Stadtmauer zu Lauenburg

In Stettin schlief ein Heinrich Georg Schulz, geboren 1893, als Angestellter der Stadt im Dienst oft ein und wurde deshalb entlassen. Schon als Kind hatte er sich spät abends auf den Theaterbühnen herumgetrieben: Es war kein anderer als der bekannteste pommersche Schauspieler, Heinrich George.

*

Heinrich George wollte von Berlin nach Frankfurt fliegen, um dort den »Götz« zu spielen. Sein Koffer hatte jedoch soviel Übergewicht, daß er nicht befördert werden durfte. George ließ sich durch diese Schwierigkeit, die man ihm bereitete, nicht stören. Seelenruhig schloß er den Koffer auf, nahm die Ritterrüstung und den großen, schweren Helm des Berlichingen heraus, zog sich mitten auf der Rollbahn um und bestieg nun als Ritter mit der eisernen Hand das Flugzeug. Der Koffer gab nun zu Beanstandungen keinerlei Anlaß mehr, da keine Bekleidungsvorschrift für Flugzeugpassagiere bestand. So konnte der Flug beginnen, und die »Götz«-Vorstellung in Frankfurt war gerettet.

*

Die energische jungverheiratete Gutsfrau war eine leidenschaftliche Reiterin. Damals, als die Geschichte passierte, galt es noch als »unmöglich«, daß eine Dame in Reithosen im Herrensattel saß. »Man« trug den langen schwarzen, weitfallenden Reitrock und setzte sich seitlich in den Damensattel. Ganz sicher aber fühlte sich die gnädige Frau im Sattel noch nicht! Deshalb ließ sie sich immer von Johann begleiten, einem gutmütigen Mann, dem als großen Pferdefreund die Obhut der Reitpferde anvertraut war.
Eines Tages ritt die Gnädige einen jungen, etwas hitzigen Fuchs, der seinen wilden Tag hatte und dem es gelang, die gnädige Frau aus dem Sattel zu werfen. Aber sie war sehr resolut, behielt trotz des Sturzes die Zügel in der Hand und brachte den Fuchs zum Stehen. Stolz auf ihre Tat, rief sie ihrem Johann zu: »Johann, haben Sie meine Energie gesehen?« »Jawohl, gnädige Frau«, erwiderte Johann, »aber wir nennen das anders!«

*

Sprichwörter sind die Philosophie des kleinen Mannes. Auch in allen Gegenden Pommerns waren ungezählte solcher Lebensweisheiten in aller Munde.
Es kann nicht jeder Lokomotive sein. Der Zug braucht auch Wagen. – »Dat nödigst tauierst«, seggt de Buur, beut sik ne Piep a, un denn haalt hei dat Pierd ut'n Gravve. – »Kopparbeit ist de schworst«, seggt de Buur ton Paster, »dat seh ick an min Ossen«. – »Wat wi nüdlich sünd, wenn wi jung sünd«, säd de Jung, un bekeck sick de Farken. – »Nix vör ungood«, säd de Voß, und beet de Gaus den Kopp aff. – Hei is de best Haohn in'n Karw, wenn dei annern all rut sind. – Wenn de Stöhner nischt hett, hett de Prahler schon lang nischt. – »Da is blooß ierstmaol«, seggt de Schauster, es sien Fru acht Wäken na de Hochtied ne Kind kreeg. – »Wat rührst mank de Stint«, seggt de Fischfru, »meinst, dat's Aal warden?« – »Schmutz mi nich in«, seggt de Schosteinfäger, as em de Bäcker tau na kem. – Wer Vägel fängen will, dörf nich mit Knüppel schmiten.
(Diese Auswahl an Sprichwörtern ist den Pommerschen Heimatbüchern der Pommerschen Landsmannschaft entnommen; für die Abdruckgenehmigung der meisten Anekdoten und Witze danken wir Herrn Martin Weichert.)

*

Die Heiterkeit des Pommern ist durch geschichtliche Ereignisse beschwert. Aus seinem reichen Gemütsleben und in der Erinnerung gewinnt er Kraft; pommersche Witze, Schnurren und Anekdoten führen ihn immer wieder in seine Heimat zurück.

HEIMAT

ist ein Urbedürfnis des Menschen, das keine Partei wegdiskutieren kann. Erinnerung und Liebe zur Heimat wachsen, so wie Zeit und Raum sich entfernen. Der Pommer Ernst Moritz Arndt drückt es so aus:

Wo dir Gottes Sonne zuerst schien,
Wo dir die Sterne des Himmels zuerst leuchteten,
Wo seine Blitze dir zuerst seine Allmacht offenbarten
Und seine Sturmwinde dir mit heiligen Schrecken
Durch die Seele brauseten:
Da ist deine Liebe,
Da ist dein Vaterland.

Wo das erste Menschenauge
sich liebend über deine Wiege neigte,
Wo deine Mutter dich zuerst
Mit Freuden auf dem Schoße trug
Und dein Vater dir die Lehren der Weisheit
Und des Christentums ins Herz grub:
Da ist deine Liebe,
Da ist dein Vaterland.

Und seien es kahle Felsen und öde Inseln,
Und wohnete Arbeit und Mühe dort mit dir,
Du mußt das Land ewig liebhaben,
Denn du bist ein Mensch
Und sollst nicht vergessen,
Sondern behalten in deinem Herzen.

Ernst Moritz Arndt

BILDERVERZEICHNIS

BILDNACHWEIS

Heinz Cäsar: 120–122, 157, 166, 167, 173; Ernst Friedrich: 85, 91, 92, 98, 100, 103, 112; Karl Hellmuth: 75, 76, 78, 79, 81, 82, 84, 88–90, 93–97, 101, 102, 107, 113–116, 131; Karl Justi: 123, 125, 126, 128–130, 132–142, 144–147, 149, 160–162, 164, 165, 172, 174, 179, 181–188, 190, 192, 196–199, 201–204, 207–213, 215; Walter Lambert: 108–110, 117, 119, 124, 127, 143, 148, 150–156, 158–159, 163, 168–171, 175–178, 180, 189, 191, 193–195, 200, 205, 206, 214, 216; OEP: 73, 74, 77, 80, 83, 99, 104–106, 111; Fritz Paulus: 86, 87, 118.

ZEICHNUNGEN

Bennert, Heinz: 44, 46, 47; Döring, E.R.: 5, 10, 12, 30; Firzlaff, Hans: 39; Heuer, Klaus: 49; Hinz, Johannes: 31, 51, 68; Wiedenhöft, Hans-Jürgen: 34, 41; übrige Abbildungen: Verlag.

73 Die Kreidefelsen von KAP ARKONA, dem nördlichsten Vorgebirge der Insel Rügen, haben sich in der Urzeit aus den Kalkschalen ungezählter Meerestiere gebildet. Eiszeit und Wetter haben sie zurechtgemeißelt. Steine aller Größen liegen im Wasser; sie hat uns die Eiszeit aus Skandinavien hinterlassen und dabei »über das Meer« transportiert. Von hier aus zogen die kriegerischen Ranen zum Kampf aus oder zogen sich in die Jaromarsburg zurück. Zwei Leuchttürme zeigten der Schiffahrt den Weg. Der ältere Leuchtturm stammt von dem großen Baumeister Preußens, K. F. Schinkel.

74 Einen umfassenden Blick über die Insel Hiddensee bietet sich dem Besucher vom Dornbusch aus, dem nördlichen Inselkern. Südlich davon liegt der vielbesuchte Badeort KLOSTER. Den Hintergrund des Bildes füllt der Vitter Bodden aus. An die Zisterzienserabtei aus dem 13. Jh. erinnern Ruinen. Eine Kapelle dient als Pfarrkirche. Kloster besitzt eine Vogelwarte und eine biologische Forschungsstation. Gerhart Hauptmann, der schlesische Dichter aus dem Riesengebirge, hat hier seine letzte Ruhe gefunden. Sein Haus »Seedorn« ist heute eine Hauptmann-Gedenkstätte.

75 Unzählige Menschen hat C. D. Friedrich, der große pommersche Maler, mit seinem Bild von den WISSOWER KLINKEN entzückt, einem Kreidefelsen südlich der Stubbenkammer auf Rügen, eindrucksvolle Hinterlassenschaft der jüngsten Kreidezeit, als das Kreidemeer 1500 m hoch gegen Alpen und das schottisch-skandinavische Urgebirge schlug. Die Zerrissenheit der scharfen, steilen Klippen, gemildert durch Buchenwald und Meer, bildet ein großartiges Zusammenspiel. Romantik, Vergangenheit und Heimatgefühl der Inselbewohner hat uns E. M. Arndt bewahrt.

76 Das Seebad BINZ, auf der Granitz zwischen der Schmalen Heide und der Insel Mönchgut gelegen, ist eines der 65 Ostseebäder Pommerns. Sand, Dünen und die unendliche See bestimmen das Bild der »Landschaft«. Der feine Sand, der die lange pommersche Küste auszeichnet, spricht aus »tausend und abertausend funkelnden Diamanten« zu uns. Binz nannte sich stolz das »nördliche Sorrent«. Strandkörbe, weißer Sand, künstlerischer Burgenbau und Sauberkeit galten als Markenzeichen der pommerschen Ostseebäder. Wellenberge branden an den Strand und laden ein zum Baden.

77 Der aus dem Dreißigjährigen Krieg bekannte schwedische Feldmarschall Wrangel baute um 1650 das von den Vorbesitzern errichtete mehrstöckige Haus mit massiven Mauern aus, fügte vier schlanke Ecktürme hinzu und gab so Schloß SPYCKER seine endgültige Gestalt. Es erinnert an die wehrhaften Bauten vergangener Zeiten. Unbeschreiblich schön ist seine Lage am Jasmunder Bodden, der sogenannten Spyckerschen See. Durch Heirat gelangte das Schloß an die Fürsten von Putbus, die es mit Unterbrechung bis 1945 besaßen. Von Krieg und Zerstörung blieb es ungeschoren.

78 BERGEN, die Kreisstadt der Insel Rügen, zählt etwa 10000 Einwohner. In ihrer Nähe erhebt sich der 91 m hohe Rugard mit einem Rundschauturm (26 m), der an den Dichter Ernst Moritz Arndt erinnern soll. Die heutige Marienkirche ist bereits Ende des 14. Jahrhunderts aus der ehemaligen Klosterkirche hervorgegangen, die zu dem 1193 von Fürst Jaromar I. von Rügen gegründeten Zisterzienserinnenkloster gehörte. Die Frauen kamen aus dem dänischen Marienkloster Roeskilde. Hier fand Jaromar I. seine letzte Ruhestätte. Elisabeth, Schwester Herzog Bogislaws X., wirkte von 1461 bis 1473 als Äbtissin. 1525 wurde das Kloster in ein weltliches Frauenstift umgewandelt. Vom Mauerwerk der einst romanischen Kirche sind noch Teile im Querschiff an der Südwand erkennbar. Dort kann man auch wiederhergestellte romanische Wandmalereien betrachten. Die Marienkirche ist das einzige Beispiel einer kreuzförmigen Basilika auf Rügen und wohl der erste dänische Ziegelbau in Deutschland. Ihr hoher Turm ist weithin sichtbar. Sie hat auf die Umgebung weitergewirkt. Beispiele: die Gotteshäuser von Altenkirchen und Sagard.

79 Aus einem slawischen Fährdorf entstand um 1200 eine deutsche Siedlung, die 1234 lübisches Recht verliehen erhielt. Dank ihrer günstigen Lage am »Strelasund« konnte sich STRALSUND bereits im 14. Jh. durch den Fernhandel, der bis England und Nowgorod führte, zu einem bedeutenden Handelsplatz entwickeln. Neben Lübeck eine führende Hansestadt, spielte sie im Krieg der Hanse gegen Dänemark, der mit dem Frieden zu Stralsund 1370 endete, eine wichtige Rolle. Macht und Ansehen spiegeln sich in den Bauwerken wider: (von links) die Marien-, Jakobi- und Nikolaikirche.

80 Der Blick von der Marienkirche über die ALTSTADT Stralsunds vermittelt den architektonischen Zusammenhang von großem Profan- und Sakralbau mit dem Wohnungsbau der Stralsunder. Nahe beim Strelasund stehen (von links) die Nikolai- (vollendet um 1350) und die Jakobikirche. Der Turm von St. Jakobi trug ursprünglich einen hohen gotischen Helm, der jedoch 1662 niederbrannte. Speicher und Hafenanlagen sind auf unserem Bild gerade noch sichtbar. Jenseits des Strelasunds breitet sich die Insel Rügen aus, ein beliebtes Erholungsgebiet. Die Stadt zählt heute 75000 Einwohner.

81 In vielen Giebelhäusern Stralsunds ist die Backsteinkunst des Mittelalters lebendig geblieben und gibt uns heute eine Vorstellung vom Leben vergangener Jahrhunderte. Diese Giebelhäuser dienten den Kaufleuten als Wohnhaus und Speicher für ihre Handelswaren. Dafür benötigte man nur schmale, jedoch tiefe Bauplätze. Durch Stadtmauern und Teiche war der Raum der Altstadt eng begrenzt. In der BADENSTRASSE sticht das zweite Haus im Vordergrund rechts hervor, das ein Renaissancegiebel in Backsteinarchitektur ziert. Die Nikolaikirche (im Hintergrund), älteste der großen Kirchen Stralsunds, besaß 1276 nur einen Turm. In das 14. Jahrhundert geht der Ausbau zum Doppelturm und zur Chorpartie mit ihren fünf Kapellen zurück. In ihrer wuchtigen Erscheinung übertrifft sie die stattlichen Formen der Jakobi- und Marienkirche. Die architektonische Gestaltung im Kirchenbau zeigt deutliche Beziehungen zur Lübecker Marienkirche als der Mutterkirche. Die Hanse unter der Führung Lübecks erwies sich als der bedeutendste Kulturträger, dessen Ausstrahlung man in Kulturbauten des deutschen Ostens begegnet.

82 Auf dem alten Markt zu Stralsund steht das wohl schönste RATHAUS Norddeutschlands, vielleicht sogar Nordeuropas. Die Schmuckfassade, eine sechsgiebelige gotische Schauwand an der Nordfront, »Schmuckstück« der Stadt, dürfte schon bald nach dem Sieg über die Dänen (1316) entstanden sein. Um 1270 diente das Bauwerk auch als theatrum, als Schauhaus. Später erfüllte Geschäftsleben das »Kophus« (Kaufhaus). Nikolaikirche und Rathaus bilden eine monumentale Einheit. Für die Fähigkeit, Mauerteile meisterhaft aufzulockern, legt die Prunkfassade beredtes Zeugnis ab.

83 Die MARIENKIRCHE, eine Leistung des 15. Jahrhunderts, gilt als Endpunkt des Sakralbaus in Stralsund. Obwohl schon im 13. Jahrhundert erwähnt, kann niemand sagen, welche Bauteile ihr in ältester Zeit angehörten. Turm, Chor und Teile des Langhauses stürzten offensichtlich 1382 ein. Nach einem Bericht hat man erst 1416 den Grundstein zu diesem großartigen Bau gelegt. Ihr Stil löst sich von fremden Vorbildern. Daher sieht man St. Marien, die ohne große Kunstschätze auskommt, als die am meisten »stralsundische« Kirche an. Was die Bilderstürmerei nach der Reformation übriggelassen hatte, zerstörten französische Truppen Napoleons. Eine gründliche Restaurierung nach Plänen von Caspar David Friedrich und Schinkel lehnten die Stralsunder ab. Das idyllische Bild der sich im Wasser spiegelnden Kirche von St. Marien bringt uns zum Bewußtsein, daß Mauern, Tore und der die Stadt umgebende Kranz von Teichen Stralsund zu einer riesigen Wasserburg machten, die damals als unüberwindlich galt. Selbst Wallenstein konnte sie nicht bezwingen (»und wenn sie mit Ketten an den Himmel gebunden wäre ...«).

84 An der Kleinbahnstrecke zwischen Tribsees und Stralsund liegt die Stadt FRANZBURG, 1587 von Bogislaw XIII. auf dem Gelände des Klosters Neuenkamp (gegründet 1231) angelegt für Künstler, Kaufleute und Gewerbetreibende und nach seinem Schwiegervater Franz von Braunschweig-Lüneburg benannt. Im Dreißigjährigen Krieg (1628) wurde das Schloß zerstört; die Kirche ist ein Rest der alten Klosterkirche. Im Barockstil errichtet ist das Rathaus. Franzburg war infolge seiner Abgelegenheit in der Entwicklung gehemmt, verfügt über Handwerk, Ziegel- und Kalkbrennereien.

85 Von der Darßspitze aus kann man im Osten die Häuser des beliebten Seebades Prerow erkennen. Im Süden dehnt sich der große, zum Teil urwüchsige DARSSWALD aus, ungestört von den Siedlungen der Menschen. Zur Blaubeerreife durchstreifen Beerensammler den Wald. Laubbaumzonen lösen die Kiefernbestände ab. In den moorigen Teilen verbergen sich mit Rohr und hohem Schilf bewachsene kleine Seen, gedeihen Erlen, Eschen und Eichen. Den Süden bedekken vorwiegend Kiefern auf gleichförmigem Sand. See- und Fischadler schweben majestätisch über den Baumkronen.

86 Inmitten grüner Wiesen erstreckt sich im Norden der Halbinsel Darß am alten Prerowstrom, der hier aus dem Bodstedter Bodden tief ins Land hineinreicht, die Gemeinde PREROW (1600 Einwohner). Im Dorf findet man noch die alten, mit Reet gedeckten Fischerhäuser. Lang zieht es sich dahin in einer Garten- und Waldlandschaft mit malerischen Motiven. Die Einsamkeit dieser urwüchsigen Landschaft lockt Naturfreunde an. Ruhe und Erholung findet man in dem sonst einfachen Fischerdorf, das sich zu einem Badeort entwikkelt hat. Zwischen dem kargen Bewuchs leuchtet die weiße Düne hervor. Lockerer Dünensand bedrängt die wenigen Bäume und das Strauchwerk. Der Sturm hat die Bäume zerzaust, Zweige geknickt oder abgebrochen, Stamm und Krone sind stark von Westen nach Osten gebogen, daher »Windflüchter« genannt; typisch auf dem Darß, sobald einzelne Bäume ungeschützt dastehen. Von den alten Inselkernen des Darß durch Wind und Wasser nach Osten getragen, hat der Sand die Nehrung geschaffen. Den breiten Badestrand Prerows lieben die Kinder, weil sie weit ins flache Wasser hinausgehen können.

87 Im nördlichen Teil des Fischlandes beginnt die pommersche Küste. Hier liegt AHRENSHOOP. Weiter im Süden dieses eiszeitlichen Inselkerns erstreckt sich die schmale Nehrung zwischen Wustrow und Dierhagen, schon in Mecklenburg. Die Düne wirkt wie ein Deich und ist stark bewachsen. Den Rand des Kliffs entlang führt ein sandiger Fußweg. Ein Fischerhaus, mit Reet und Stroh gedeckt, umgeben niedrige Bäume, und das Meer peitscht die Wellen an den feinen Sandstrand, den Buhnen schützen. Das Dorf ist in saftiges Grün gebettet. Die neue Kirche wurde 1951 geweiht.

88 In der katholischen Zeit hatte Kenz, eine kleine Gemeinde von 500 Einwohnern im Kreis Franzburg-Barth, eine vielbesuchte Marienwallfahrt. Der aus Backstein errichtete fünfjochige Saalbau war darauf eingerichtet. Barnim VI. von Wolgast versprach sich Heilung von der Pest und suchte hier Hilfe, starb jedoch im Jahr 1405 an seiner Krankheit. In der Kirche von KENZ steht sein Sarkophag, in dem die farbig gefaßte, lebensgroße Figur liegt, aufgebahrt in vollem Ornat. Aus der damaligen Zeit, also vor dem Bau der heutigen Kirche, stammt das monumentale Kruzifix. In die Mitte des 15. Jahrhunderts gehört die künstlerisch wertvolle Glasmalerei mit Szenen aus dem Marienleben, der Passion Jesu, mit Heiligenfiguren und Wappen. Herzog Philipp II. von Wolgast, ein bedeutender Kunstmäzen, stiftete 1606 ein Epitaph aus Sandstein zur Erinnerung an seinen verstorbenen Ahnherrn Barnim VI. mit einer Inschriftentafel, dem Porträtbüstenrelief Barnims und dessen Wappen. Aus der gleichen Zeit stammt eine silberne Oblatendose mit einer Reliefszene opfernder Hirten, die das Geschehen um Kain und Abel darstellen könnten.

89 Wo die Trebel ihren Lauf ändern muß und nach Westen auf die pommersch-mecklenburgische Grenze zufließt, erstreckt sich die Kreisstadt GRIMMEN (1968: über 14000 Einwohner). Zuerst wird sie 1267 als Siedlung genannt und erhält 1304 lübisches Stadtrecht. Mecklenburger, Pommern und Dänen haben oft um die Stadt gekämpft; damals ist das alte Fürstenschloß verschwunden. Unter den Toren der Stadtbefestigung (Greifswalder, Stralsunder und Mühlentor) fällt das Mühlentor, ein mächtiger gotischer Backsteinbau mit spitzbogigem Portal, grauen Mauerblenden und Türmchen, besonders auf. Das Schmuckstück der Stadt jedoch ist das Rathaus. Im 14. Jahrhundert entstanden, trägt es über der offenen Vorhalle einen reichgegliederten gotischen Ziergiebel mit schlanken aufsteigenden Ziertürmen. Der Glockenturm überragt das Gebäude mit offenen Seitenwänden. Von dem Wohlstand der Stadt zeugen die reichen Schnitzereien an der Kanzel und dem Gestühl der Ratsherren und Zünfte in der Marienkirche. Die Stadt Grimmen besaß vor dem Kriege den größten Ein- und Verkaufsverein Deutschlands.

90 In der St.-Thomas-Kirche von TRIBSEES befindet sich ein gotischer Altar. Die vier Evangelisten schütten in Form von Spruchbändern das Korn in einen Mühltrichter. Das Mehl kommt als Spruchband heraus und erscheint als das fleischgewordene Wort in Gestalt des Christusknaben. Oben erleben auf beiden Seiten Adam und Eva den Sündenfall im Höllenrachen und die Erlösung, darunter je sechs Apostel an einer Schleuse, durch die sich Gottes Wort in die Welt wie fließendes Wasser ergießt. Mit der Austeilung des Abendmahles an Geistliche und Weltliche schließt die Erlösung.

91 Eine eindrucksvolle frühgotische Feldsteinkirche besitzt KIRCHBAGGENDORF, Kreis Grimmen. Der quadratische Turm ist schmaler als das Schiff. Die Quader sind behauen und waagerecht geschichtet. Die Giebel sind jedoch aus Backstein erbaut. Der Eingang an der Turmseite führt in einen künstlerisch reich ausgestatteten Innenraum. Den Chor überdeckt ein steiles Domikalgewölbe, die zwei Domikalgewölbe des Schiffes mit rechteckigem Rippenprofil sind weitgespannt. Die ornamentale und figürliche Malerei von 1390 hat man 1939/40 freigelegt und restauriert. Zum Altaraufsatz von 1703 gehören drei Gemälde: das Abendmahl, im Hauptfeld die Kreuzigung und im obersten Geschoß die Grablegung Jesu. Ein geschnitzter Palmbaum trägt die Kanzel, die wohl aus dem Jahr 1702 stammt. Die Felder in der Kanzelbrüstung stellen Christus und die vier Evangelisten dar, die Felder des Aufgangs befassen sich mit alttestamentarischen Szenen. In der Türbekrönung hat sich der damalige Pfarrer verewigt. Auf einem Epitaph sind der 1625 verstorbene F. von Tribsees und seine Gemahlin Anna von Jamund dargestellt.

92 Die ersten Kirchen im südlichen Teil des mittleren Vorpommerns entstanden in Altentreptow (1175), heute 7000 Einwohner, in Demmin und Kummerow (1224) und in Loitz (um 1242). Um ein Nonnenkloster entwickelte sich um 1200 in ALTENTREPTOW eine deutsche Siedlung, die früher »Treptow an der Tollense«, im Gegensatz zu Treptow an der Rega in Hinterpommern, hieß. 1245 erscheint der Ort als civitas, und lübisches Stadtrecht ist 1287 bezeugt. Die mächtige Petrikirche stammt aus dem 14. Jahrhundert, ein Ziegelbau mit rechteckigem Turm und durch Stützpfeiler eingerahmten Fenstern. Das mittelalterliche spätgotische Neubrandenburger Tor, ebenfalls aus Ziegeln erbaut, ist wegen seines hohen Blendspitzbogens bemerkenswert. Von der Stadtmauer, dem Mühlen- und Demminer Tor sind nur noch Überreste vorhanden. Altentreptow liegt in fruchtbarer Weizen- und Zuckerrübengegend, entwickelte sich zum landwirtschaftlichen Umschlagplatz mit Vieh- und Wollmärkten und besaß Spinnereien und Webereien. Wiesenland in den Flußniederungen und im Sumpfgebiet begünstigte die Viehzucht.

93 Adam von Bremen berichtete im Jahre 1070 von DEMMIN, der heutigen Kreisstadt am Zusammenfluß von Peene, Trebel und Tollense, als einer »sehr großen Stadt«. Als wichtiger Verwaltungs- und Handelsplatz im Gebiet der liutizischen Stämme war sie bekannt und erhielt bald nach 1236 lübisches Stadtrecht. Im 12. und 13. Jahrhundert residierte hier ein Zweig des pommerschen Herzogshauses. 1128 hatte sich Otto von Bamberg auf seiner zweiten Missionsreise mit Herzog Wartislaw »in der stolzen und vornehmen Feste Demmin« getroffen. Durch Einfälle aus Mecklenburg und Brandenburg litt die Stadt immer wieder unter Zerstörungen, zumal im Dreißigjährigen Krieg. Bedeutende Bauwerke blieben dennoch erhalten, so die dreischiffige Bartholomäuskirche. Ihr edler Turm, aufgegliedert durch vier Ecktürmchen, Blenden und kunstvolle Fenster im oberen Teil, erreicht eine Höhe von über 90 m. Nennenswert sind das im 18. Jahrhundert geschaffene Rathaus und das »Haus Demmin«. Auf das Mittelalter geht das Luisentor zurück, das Staffelgiebel schmücken – eines der höchsten Stadttore Pommerns.

94 Burg Clempenow, am Zusammenfluß des Großen Landgrabens und der Tollense, wird bereits im 12. Jahrhundert als »Sperr-Veste Weißen-Clempenow« genannt und hatte damit strategische Bedeutung am Tollensepaß. Fast 500 Jahre lang saß hier das Geschlecht derer von Heydebreck. Im 18. Jahrhundert wurde aus dem Besitz die Staatsdomäne KLEMPENOW, die vor 1945 Oberamtmann Bruhn gepachtet hatte. Das Gutshaus selbst ist ein reiner Zweckbau. Als Rest der Burg überragt der Bergfried Häuser, Bäume und Kirche. So fühlt sich der Betrachter in vergangene Zeiten versetzt.

95 Im Schutze des Klosters Eldena wurde in GREIFSWALD, gegründet 1241, ein Wochenmarkt abgehalten. Durch Verleihung des lübischen Rechts wurde es 1250 Stadt. Über Mauern und Tore wuchsen drei große Pfarrkirchen empor und rühmten die aufblühende Hansestadt. Die Arkaden des Rathauses gehören noch zum gotischen Urbau. Nach dem großen Brand von 1736 hat das Rathaus die heutige Form erhalten. Der Giebel über dem Erdgeschoß wirkt einfach und renaissancehaft im norddeutschen Barock. Im Hintergrund überragt St. Nikolai die Bürgerhäuser.

96 Hohe Kultur und Kunstsinn des Bürgertums prägen das Marktbild Greifwalds. Das gotische Giebelhaus gehört zu den schönsten der norddeutschen Backsteingotik. Hinter den Häusern erhebt sich der monumentale Kirchenbau von ST. MARIEN, »Dicke Marie« genannt, mit dem warmroten Massiv des Turms und dem leuchtenden Weiß seiner Blenden. Marien-, Nikolai- und Jakobikirche prägen die Stadtsilhouette. St. Marien ist das älteste Gotteshaus in der Siedlung am Ryck jenseits des Salzwerks im Rosental. Erweiterungen der Backsteinkirche zogen sich über Jahrhunderte hin.

97 Während die Marienkirche nahe beim ehemaligen Kloster Eldena im Osten steht, die Jakobikirche, der »Kleine Jakob«, in der neuen Siedlung im Westen erbaut wurde, sollte die später errichtete Nikolaikirche (»Schlanker Nikolaus«), im Zentrum »Zentralkirche«, der Dom der schnell aufblühenden Stadt werden. Von außen beeindruckt der schlanke Turm, 120 m hohes Wahrzeichen der Stadt. Das Mittelschiff hat eine Länge von 62 m und eine Höhe von 25 m. Die Seiten umgibt ein Kranz von 21 Kapellen, die für Altäre, Bilder und Erbbegräbnisse geeignete Räume enthalten. Eine heißt »Reformationskapelle« zum Gedenken an den 400. Geburtstag Martin Luthers am 10. November 1883. Seitdem schmückt das REFORMATIONSFENSTER (unser Bild) von Bernhard in Charlottenburg die Kapelle: in der Mitte Martin Luther mit der Bibel, links Melanchthon, rechts Bugenhagen und unten Herzog Philipp I., der die Reformation in Pommern unterstützte. Die Pommern denken dabei vornehmlich an Bugenhagen aus Wollin (»Dr. Pomeranus«), in dessen Gegenwart 1534/35 der Landtag in Treptow/Rega die Reformation in Pommern beschloß.

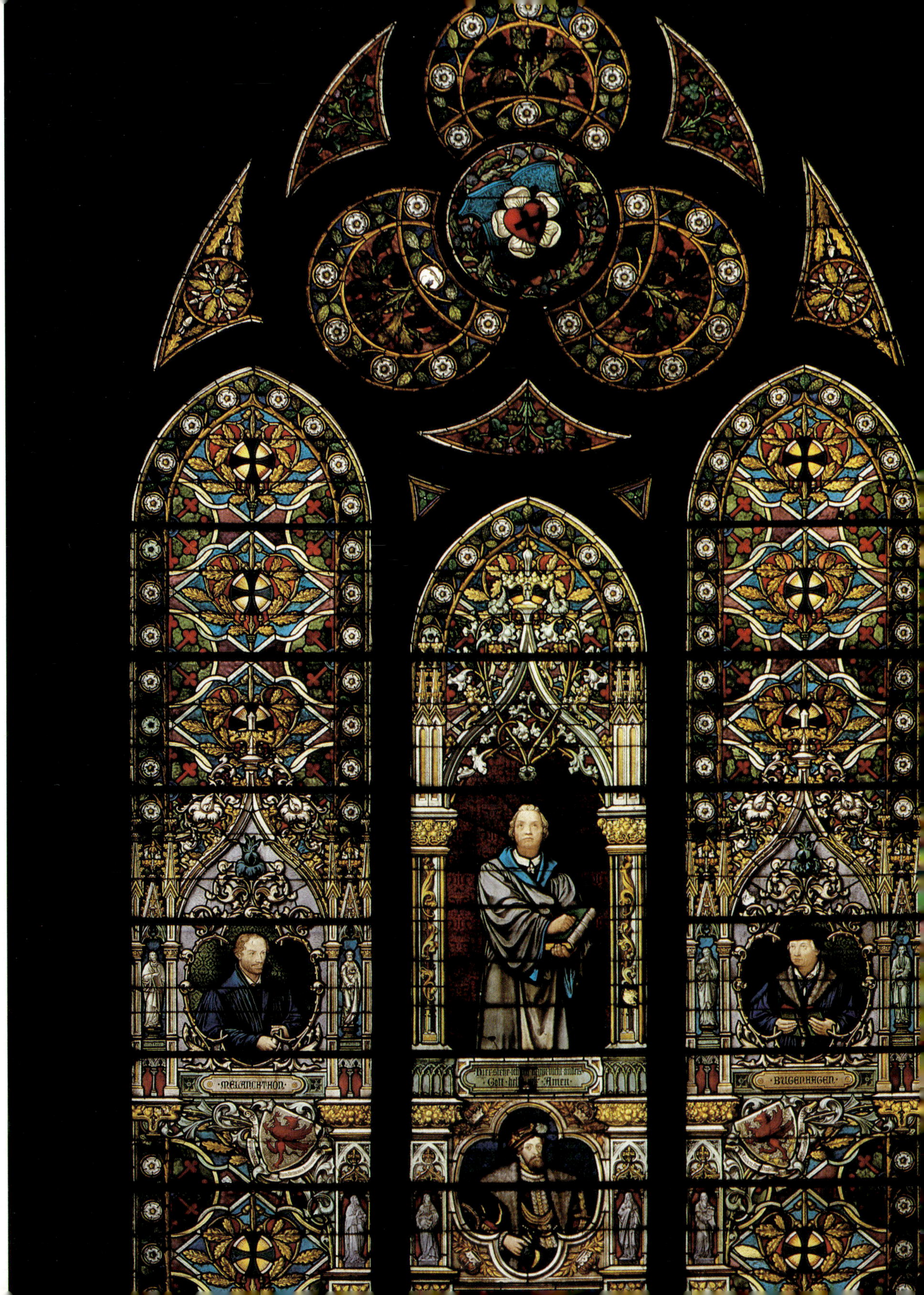

98 Durch seine 1456 gegründete UNIVERSITÄT, die älteste in Preußen, hat Greifswald entscheidende Bedeutung erlangt. Zeitweise hat sie um ihre Existenz kämpfen müssen, nicht zuletzt wegen der Rivalität mit Rostock. Nach dem Brand von 1736 entstand der repräsentative Neubau von klassizistischer Nüchternheit. Lediglich der Vorbau mit ionischen Wandpfeilern und den geschwungenen Fenstergiebeln läßt das Barock erkennen. Im alten Bibliothekssaal finden würdige Feiern statt. Die Universität verwahrt den Croy-Teppich, ein historisches pommersches Kunstwerk.

99 An der Mündung des Rycks bei Greifswald breiten sich rechts des Flusses Eldena, auf der linken Seite WIECK aus, was soviel wie Vorort bedeuten könnte. Seine niedrigen Fischerhäuser sind mit Reet oder Stroh gedeckt. Der Seewind bläht die Reusen auf. Man spürt den Geruch von Teer und Seegras. Die knarrende Zugbrücke ist der einzige Verbindungsweg zum anderen Ufer. Oft muß man warten, wenn Schiffe von der See nach dem Greifswalder Hafen fahren und umgekehrt. Im Wiecker Hafen ankern viele Fischerboote. Greifswalder besuchten gern den flachen Strand am Bodden.

100 Unmittelbar an der Durchgangsstraße von ELDENA stehen die Ruinen des bedeutendsten Zisterzienserklosters in Pommern westlich der Oder. Im Schatten großer Bäume verbergen sich seine Mauern und Pfeiler. 1199 kamen Mönche aus dem zerstörten Kloster Dargun unweit Demmins und ließen sich an dem Fluß Hilda, später Ryck, nieder. Ihr neues Kloster galt als Tochterkloster von Esrom auf Seeland. Stifter waren Fürst Jaromar und seine Frau Hildegard, Tochter des Dänenkönigs Knut. Jaromar schenkte dem Kloster Eldena Dörfer, Wälder und Felder. Rechnet man die Schenkungen bis 1527 dazu, so gehörten zum Kloster etwa 95 Dörfer. Durch die Reformation wurde das Kloster zwar aufgehoben, doch den Mönchen Unterhalt und Wohnung bis ans Lebensende gewährt. Bogislaw XIV., letzter Pommernherzog, verlieh die Güter der Universität. Bis 1631 fast unversehrt, zerstörten es 1684 die Schweden; mit Tausenden von Mauersteinen des Klosters besserten sie ihre Stralsunder Festungswerke aus. Die Kirchenruine ist das wichtigste Motiv Caspar David Friedrichs, des großen Malers der deutschen Romantik.

101 Schon im 12. Jahrhundert war WOLGAST (heute 16.000 Einwohner) eine große Marktsiedlung. Sie breitet sich an der engsten Stelle der Peenemündung aus. Die Peene fließt allerdings erst wenige Kilometer nördlich in die Ostsee. Als Burgplatz diente Wolgast der Verteidigung gegen Däneneinfälle von See. 1257 wurde die Stadt mit lübischem Recht ausgestattet. Sie war Sitz der Wolgaster Linie der Pommernherzöge, die 1330 ein Schloß erbauen ließen, das im Dreißigjährigen Krieg zerstört und 1843 vollends abgetragen wurde. Die Petrikirche stammt aus dem 14., die spätgotische Jürgenkapelle und die Gertrudkapelle aus dem 15. Jahrhundert. Das Rathaus (unser Bild) ist im 18. Jahrhundert errichtet worden. Seine Tür entspricht schönen Haustüren stattlicher Kaufmannshäuser. Der aufgesetzte Turm hat offene Seitenwände. Von der Stadtmauer sind Reste erhalten geblieben. Im nahen Peenemünde befand sich im Zweiten Weltkrieg das berühmte deutsche, damals militärische Raketenversuchszentrum, Vorläufer der Raumschiffahrt. Philipp Otto Runge, neben C. D. Friedrich ein weiterer großer Maler der Romantik, stammt aus Wolgast.

102 Wie Perlen auf einer Schnur reihen sich auf der Insel Usedom 11 Badeorte von Karlshagen bis Swinemünde aneinander. Seebad AHLBECK mit waldreicher Umgebung ist der letzte von Deutschen bewohnte Badeort; nahebei liegt Swinemünde, aus dem die deutsche Bevölkerung durch Polen vertrieben wurde. Der breite feine Sandstrand eignet sich als Tummelplatz für Kinder. Zwei Boote sind auf den Strand gezogen worden. Auf Pfählen steht die Badeanstalt, ein Bootssteg ist erkennbar. Die Küstenfischerei ist ein wichtiger Berufszweig; geräucherte Fische bereichern den Speiseplan.

103 An einer Schmalstelle zwischen dem Achterwasser und der Ostsee liegt KOSEROW mit seinem markanten, 60 m hohen Streckelberg. Die Unterspülung dieses Inselkerns und die gewaltigen abgestürzten Steinblöcke am Meer haben den Stoff für die Sage von dem früher hier vermuteten Vineta geliefert. Das Dorf besitzt eine frühgotische Kirche. Behauene Feldsteine sind bis zur Höhe der Fenster in Quaderreihen geschichtet worden, der Aufbau darüber besteht aus Ziegeln. Eine Feldsteinmauer schließt den Kirchhof ab. Aus einem armen Dorf entstand 1858 ein modernes Seebad.

104 Auf der schmalen Landbrücke zwischen Ostsee und Achterwasser erstreckt sich ÜCKERITZ, es besitzt somit zwei Gesichter. Das der Ostsee zugewandte Gesicht prägt den kleinen Badeort mit feinem Sandstrand, Warmbad und Seebrücke. Sein anderes Gesicht ist dem Achterwasser zugewandt: das Fischerdorf mit stroh- und reetgedeckten Häusern zwischen dem Kleinen Wocknin-See und dem Achterwasser. Sein Fischereihafen mit dem Gerätehaus auf der Pier festgemachten Booten im ruhigen Achterwasser bietet ein Bild des Friedens nach einem anstrengenden Arbeitstag.

105 Unweit des Achterwassers auf vorwiegend sandigem Boden liegt BENZ. Der Vordergrund des Bildes zeigt Ackerland; der Boden ist zum Säen vorbereitet. Schwacher Bewuchs auf der Anhöhe weist auf kargen Boden hin. Die Windmühle steht wie ein weithin sichtbares Seezeichen in der Landschaft, Sinnbild des Schaffens im Leben, das weitergeht. Denn solange die Erde Menschen trägt, brauchen sie gemahlenes Korn. Mit geringen Ausnahmen besteht Usedom aus Sandboden. Manchen Büdner ernährte der Ackerboden nicht; als Fischer oder Waldarbeiter mußte er hinzuverdienen.

106 Pommern galt vor dem Krieg als wichtigstes Fischereigebiet des Deutschen Reiches und hat dadurch seinem Namen »Land am Meer« wiederum Ehre gemacht. Vielfach sind die Badeorte aus Fischerdörfern entstanden. Auf mehr als 5000 Fischereifahrzeugen, meist im Eigentum von Klein- und Kleinstunternehmern, wurde Fischfang betrieben. ALT USEDOM entspricht einer ursprünglichen Siedlung. Reusen und Netze sind zum Trocknen aufgestellt. Ein Schuppen steht auf Pfählen, reicht vom Ufersaum ins Wasser hinein, beherbergt im Winter Boot und Netze und dient als Anlegestelle.

107 Im Südwesten der Insel Usedom hatte sich aus einer slawischen Burg und Siedlung der Ort USEDOM als Mittelpunkt entwickelt. 1128 führte Otto von Bamberg das Christentum ein. Lübisches Stadtrecht erhielt Usedom 1298. Die Marienkirche stammt aus dem 14. Jahrhundert, ist jedoch 1891 völlig neu gebaut worden. Am Turm leuchten die dicht nebeneinander angebrachten Blenden. Das Peenetor ist 1863, das Swinetor 1860 abgetragen worden. Das aus dem 16. Jahrhundert stammende Anklamer Tor, ein durch Blenden aufgelockerter Ziegelbau, ist dagegen erhalten geblieben.

108 In Pommern haben die Alliierten die für Deutschland schicksalhafte Oder-Neiße-Linie erheblich nach Westen überschritten, so daß sowohl Stettin als auch SWINEMÜNDE, ein Teil der Insel Usedom und des Kreises Ückermünde noch unter polnischer Verwaltung stehen. Als Schutzburg 1181, als Hafen 1297 erwähnt, fällt Swinemünde nach der Schwedenzeit 1720 an Preußen, wird Vorhafen von Stettin. Der flache Sandstrand der Inseln hat sich nach 1850 dem Fremdenverkehr geöffnet. Die Einfahrt von See sicherte der Leuchtturm (70m) in Osternothhafen östlich der Swine.

109 Mit 435 000 Übernachtungen (1938) gehörte Swinemünde zu den meistbesuchten pommerschen Seebädern. In der Hochsaison konnte man beiderseits der großen Badeanstalt Tausende von Strandkörben zählen. Eine gepflegte Kurpromenade, Kurhaus, Konzertplatz und Musikpavillon luden zum Verweilen ein. Das Seebad selbst ist durch eine Parkanlage von der Stadt getrennt. Schmucke gepflegte BÜRGERHÄUSER, vielfältige Anlagen und das Seebad mit dem Freiluft-Sole-Inhalatorium verschafften Swinemünde, nach Rügenwalde ältestes pommersches Bad, internationalen Rang. Das Solbad wurde 1895 eröffnet. Neue Verkehrsverbindungen begünstigen den Besuch, wie regelmäßige Schiffsverbindungen nach Stettin, Rügen, Kopenhagen, Bornholm und Eisenbahnverbindungen auf der Insel und zum Festland. Von Swinemünde aus wurde nach dem Ersten Weltkrieg durch den »Seedienst Ostpreußen« eine feste Verbindung nach Pillau-Königsberg geschaffen und so die Fahrt durch den polnischen Korridor mit der Eisenbahn umgangen. Flottenstützpunkt war Swinemünde vor 1945 und ist es auch heute.

110 Wegen des steinigen Strandes am Rande der Inselkerne nach Nordosten ist MISDROY der einzige bedeutende Badeort auf der Insel Wollin. Seinen feinen breiten Sandstrand schützen von der Landseite her dichtbewaldete Höhenzüge, im Nordosten die steile Kliffküste des Kaffeebergs. Die erste Landungsbrücke entstand 1884. Vor dem Zweiten Weltkrieg galt Misdroy als Badeort sehr wohlhabender Leute aus Berlin mit 413 000 Übernachtungen (1938). Pensionen und Villen sehen auch unter den Polen einigermaßen gepflegt aus, der Kurort untersteht der staatlichen polnischen Bäderverwaltung.

111 Die Peene wurde 1720 für Vorpommern zum Schicksalsfluß. Schweden mußte die Gebiete südlich davon, das waren Anklam, Stettin, die Inseln Usedom und Wollin, an König Friedrich Wilhelm I. abtreten. Das Land nördlich der Peene blieb unter Beibehaltung der Reichsstandschaft bis 1815 bei Schweden. Durch die schiffbare Peene wurde ANKLAM eine rege Handels- und Industriestadt, die vorwiegend auf den heimischen Früchten wie Getreide, Kartoffeln, Hopfen, Tabak, Zuckerrüben, aber auch auf dem Fischfang beruhte. Die Marienkirche überragt die kleinen Häuser an der Peene.

112 Als deutsche Siedlung 1243 erwähnt, erhielt Anklam (heute etwa 20.000 Einwohner) vor 1264 lübisches Stadtrecht und gehörte seit 1238 zur Hanse. Den Marktplatz umrahmen spätgotische Giebelhäuser in Backstein, und der 100 m hohe Turm der Nikolaikirche überragt die Stadt. Vor dem Zweiten Weltkrieg konnten in der gotischen Marienkirche bunte Wandmalereien aus dem 14. Jahrhundert freigelegt werden, die heute Pfeiler und Arkadenbögen des Langhauses schmücken. Mehrere Tore führen in die Stadt. Die Befestigungen entstanden, als Anklam im 15. Jahrhundert Landfriedensbündnisse mit Stralsund, Greifswald und Demmin zur Sicherung gegen pommersche Herzöge und die Herren von Schwerin abschloß. Im letzten Jahrhundert ist das Stolper Tor abgerissen worden. Ein 32 m hoher Backsteinbau, höchstes Tor Pommerns, ist das STEINTOR. Seine Fläche gliedern Blendnischen auf. Den Staffelgiebel zieren Türmchen. Die Stadtmauer ist teilweise erhalten. In der Nähe der Nikolaikirche steht das Geburtshaus Otto Lilienthals. Über 2000 Gleitflüge hat der Flugpionier unternommen, bis er in den Rhinower Bergen abstürzte.

113 Im Süden begrenzt der GROSSE LANDGRABEN den Kreis Anklam und bildet zugleich die Grenze zwischen Pommern und Mecklenburg. In seinem oberen Einzugsgebiet und südlich des Stettiner Haffs bestimmen nacheiszeitliche Ablagerungen, sogenannte Flachmoore, die sich als Viehweiden eignen, das Bild der Landschaft. Während Wald das jenseitige Ufer des Flusses einnimmt, weiden diesseits – oder käuen ihre letzte Mahlzeit wieder – einträchtig etwa 100 schwarzbunte Kühe, der Viehbestand eines früheren Gutsbetriebs, nach 1945 einer Produktionsgenossenschaft (LPG).

114 Wo Heiden Herzog Wartislaw töteten, gründete sein Bruder, Herzog Ratibor, zusammen mit Bischof Adalbert von Cammin 1153 das Kloster STOLPE an der Peene westlich Anklams, erstes Kloster auf pommerschem Boden links der Oder. Abt Johann beteiligte sich an der Gründung der Universität Greifswald. Uns sind die Namen von 32 Äbten überliefert. Als Klosterbesitzungen umfaßte Stolpe schließlich 90 Orte. Dünamünde und Falkenau in Livland wurden Tochterklöster. Nach dem Dreißigjährigen Krieg blieb vom Kloster Stolpe dieses leere Gewölbe aus Feldsteinen übrig.

115 UECKERMÜNDE liegt in der Heide nahe der Ueckermündung. Erwähnt wird es erstmals 1223 und erhält um 1260 Stadtrechte. Philipp I. baute 1546 das Schloß aus, auf dem sich pommersche Fürsten gern aufhielten. Nur der Südflügel und der Bergfried sind erhalten geblieben. Die Marienkirche ist ein nüchterner Backsteinbau aus dem Jahre 1762. Tore und Stadtmauer sind verschwunden. Die Stadt (12000 Einwohner) ist Mittelpunkt von Ziegel- und Betonwerken. Eisengießereien und Sägewerke geben den Menschen Arbeit und Brot; auch der Fischfang ist ein wichtiger Wirtschaftszweig.

116 Am Rande des Pommerschen Höhenrückens, 20 m über dem Meeresspiegel, liegt PASEWALK an der Uecker, mit 4400 Einwohnern größte Stadt des Kreises Ueckermünde. Als Burgsiedlung 1177 erwähnt, erhielt es 1250 Magdeburger Stadtrecht. Von 1250 bis 1354 gehörte die Stadt zu Brandenburg. 300 Jahre lang währten die Grenzkämpfe zwischen Pommern und Brandenburg. Daran erinnert der Turm „Kiek in de Mark", ein Wahrzeichen Pasewalks. Er und der Pulverturm sind mit der Stadtmauer aus geschichteten Feldsteinen verbunden. Mühlen- und Prenzlauer Tor stammen als Wehrbauten aus dem Mittelalter. Der achteckige Aufbau des Mühlentors mit der Pyramide gilt als Besonderheit unter den pommerschen Stadttoren. Das Rathaus am Markt, heute im Renaissancestil, entstand 1227. Auch die Nikolaikirche geht auf das 12. und 13. Jahrhundert zurück, die Marienkirche (unser Bild mit Stadtmauer) auf das 13. Jahrhundert; sie wurde 1730 und 1863 umgebaut. 1984 erlitt sie schwere Schäden durch Einsturz der Westwand und anderer Teile der Kirche. Französische Refugiés förderten Handwerk und Tabakanbau.

117 An Papenwasser und Stettiner Haff liegt das mit Stettin durch Bahn, Straße und ständige Dampferfahrten verbundene ZIEGENORT. Sein Name leitet sich von »Zegen« (kleinen Fischen) ab, während Papen auf die »Popen« in dem nahen Kloster Jasenitz hinweist. Wegen der ungünstigen Windverhältnisse besitzt das Dorf nur einen kleinen Jachthafen. Der größere Jachthafen Stettins befand sich in Gotzlow. Vom Schanzberg genießt man einen weiten Blick über das Haff. Das Seebad Ziegenort galt als familienfreundlich. Es war die letzte Haltestelle bei Ausflugsfahrten ins Große Haff.

118 In der letzten Eiszeit hat der weit nach Süden vorgestoßene Odergletscher den Raum tief ausgeschürft. Beim Abschmelzen des Eises hatte sich ein riesiges Becken gebildet, das sich mit Schmelzwasser füllte, wesentlich ausgedehnter als das Stettiner Haff. Damit war der Haffstausee entstanden, dessen Wasseroberfläche 25 m über dem heutigen Meeresspiegel lag. Der größte Teil des Wassers ist am Rande des Eises nach Westen durch das pommersch-mecklenburgische Grenztal (Großer Landgraben – Tollense – Trebel – Recknitz) abgeflossen, später durch Peeneniederung, Ziesetal und Sund. Auf den sandigen Talböden oder nacheiszeitlichen Flachmooren des großen Stausees breiten sich Kiefernwälder in der Ueckermünder Heide links der Oder und im Waldgebiet rechts davon aus. Die nacheiszeitlich in das HAFF mündenden Flüsse brachten Unmengen von Sand und tonigen Sinkstoffen mit, die sich mit den abgestorbenen Meeresbewohnern zu Faulschlamm verbanden. Die Schilfdickichte (unser Bild) halten die Masse zurück, so daß sich das Becken nach und nach füllt und die Verlandung allmählich, bei den Einbuchtungen rascher fortschreitet.

119 Beim Blick über die Dächer STETTINS fesselt die mächtige Jakobikirche von 1187 das Auge. Stärker als durch die Zeugnisse des Mittelalters wird die Stadt durch Bauten aus neuerer Zeit geprägt wie Hakenterrasse, Regierungsgebäude, das Museum aus wilhelminischer Zeit, Büro- und Geschäftshäuser sowie moderne Hafenanlagen. Die Pommern empfanden Stettin (383 000 Einwohner) als Hauptstadt und Brücke zwischen Vor- und Hinterpommern. Es war Eisenbahnknotenpunkt, »Vorhafen« Berlins und Schlesiens und größter deutscher Ostseehafen, eben Pommerns »Tor zur Welt«.

120 Die ehemalige Residenz der pommerschen Herzöge im Stettiner Schloß wird oft GREIFENSCHLOSS genannt nach dem Greifen im Wappen. Vom 10. bis 12. Jahrhundert hatten sie schwere Kämpfe um ihre Selbständigkeit zu führen, zumal gegenüber Polen. Barnim II. hat den Bau des imposanten Schlosses 1346 begonnen. Weist das Schloß in die Vergangenheit, so bedeutet der Hafen das neue Stettin, dessen Lebenselement die Oder verkörpert. Hinter Hamburg und Bremen war Stettin drittgrößter deutscher Hafen, den (1937) 6633 Schiffe anliefen und dort Güter in einem Umfang von 8,25 Mio. Tonnen umschlugen. Im Handel mit skandinavischen und baltischen Ländern überwogen Massengüter. Passagierschiffe pflügten das Meer auf dem Wege nach Rügen, Ostpreußen und in die Staaten der Ostseeanrainer. Im Binnenverkehr über den Mittellandkanal und mit Berlin legten 32095 Flußkähne im Jahre 1938 im Stettiner Hafen an und bewegten eine Gütermenge von 3,8 Mio. Tonnen. Schließlich war Stettin Hauptstapelplatz Deutschlands für Heringe. Bei den Fischerfrauen herrschte derber Humor.

121 Die Hakenterrasse mag im Winterkleid märchenhaft erscheinen; bei starker Eisbildung müssen sich jedoch die Schiffe im HAFEN mühsam vorankämpfen. Der Eisbrecherflotte oblag es, die Fahrrinne bis zur Swinemündung offenzuhalten, damit das Treibeis nicht zum Stehen kam und sich Eisstauungen bilden konnten. In Ausnahmefällen mußte man das Eis sprengen. An diese Flotte erinnert der Eisbrecher »Stettin«, der wie andere Schiffe Flüchtlinge in den Westen gebracht hat und heute als Museumsschiff dient, gelegentlich Ausflüge von Travemünde aus in die Ostsee unternimmt.

122 Das moderne Stettin prägen die Lastadie auf dem rechten Oderufer und der Hafen durch Silos, Stapelplätze, Kräne, Schornsteine, Speicher und Handelsschiffe. Schwedisches Eisenerz und oberschlesische Kohle bilden die Grundlage einer Eisenhütte, die den Stahl für den Großverbrauch der WERFTEN lieferte. Mit der Blüte Stettins vor dem Zweiten Weltkrieg bekam der Schiffbau hohen Rang, so in den Oderwerken und in der seit der Weltwirtschaftskrise schon totgeglaubten Vulcanwerft. Viele der hier gebauten Schiffe teilten um 1945 ihr trauriges Los mit den Menschen.

123 Das Stettiner Schloß gibt einen Einblick in die Hofhaltung in der RESIDENZ der pommerschen Herzöge. Der von Barnim begründete nördliche Teil des Bauwerks wurde 1503 von Bogislaw X. durch den Südflügel erweitert. 1557 errichtete man die Schloßkirche im Renaissancestil. Vieles ist im Laufe der Zeit hinzugefügt worden, so auch die berühmte Turmuhr. Das Schloß erlebte manche Zerstörungen, auch wieder im Jahr 1945. Die Südfront des von Bogislaw errichteten Südflügels haben die Polen in Anlehnung an das von Merian 1652 überlieferte Erscheinungsbild stark verändert.

124 Die nach dem Stettiner Oberbürgermeister Haken benannte HAKENTERRASSE gilt als eine der schönsten Terrassenanlagen. 1907 fertiggestellt, zieht sie sich in einer Länge von 500 m auf den früheren Befestigungswällen an der Oder entlang. Das im Stil der Spätrenaissance errichtete repräsentative Regierungsgebäude weist mit den Symbolfiguren, die beide Türme schmücken, auf die Seefahrt hin. Das Museum mit seiner 54 m hohen Kuppel öffnete 1913 seine Pforten. Seine wertvolle Gemäldegalerie ist gerettet worden und befindet sich heute bei der Stiftung Pommern im Kieler Schloß.

125 An beiden Seiten der Straße, die von SO nach NW vom Kaiser-Wilhelm-Denkmal über den KAISER-WILHELM-PLATZ bis zum Pommerschen Landeshaus führt, dem früheren Sitz der Verwaltung Pommerns, standen einst solide Bürgerhäuser, von Anwälten, Ärzten und Kaufleuten bewohnt, mit Gehwegen aus breiten Granitplatten. Davor erstreckte sich auf jeder Seite eine Straße und in der Mitte ein Sandweg mit Alleenbäumen. Den Springbrunnenteil haben die Polen gebaut. Er beginnt hinter der Preußischen, überquert die Deutsche Straße und verläuft bis zur Petrihofstraße.

126 Im Jahre 1720 mußte Schweden Vorpommern südlich der Peene mit Stettin und den Odermündungen an Preußen herausgeben, ein Gebiet, das aufgrund des Erbvertrages von Grimnitz (1529) rechtmäßig beim Aussterben des pommerschen Herzogshauses Brandenburg zufallen sollte. Friedrich Wilhelm I., nun im Besitz der Hafenstadt Stettin, ließ 1725/26 das barocke BERLINER TOR erbauen. Die lateinische Inschrift beginnt mit den Worten: »Fridericus Wilhelmus Rex Borussiae Ducatum Stetinensem…«; übersetzt heißt der volle Text: »Friedrich Wilhelm, König von Preußen, hat das Herzogtum Stettin, das an die brandenburgischen Kurfürsten abgetreten, den Herzögen von Pommern zu Lehen wiedergegeben, später durch Schicksalsfügung an die Schweden gekommen war, durch gerechte Verträge und für einen rechten Preis bis zur Peene gekauft, erworben und für sich gewonnen im Jahr 1719, er hat dieses Brandenburger Tor erbauen lassen.« Denn so hieß ursprünglich das Berliner Tor. Berliner und Königstor, beide von Wallrawe, fallen durch prunkvolle Ausgestaltung auf. Die Bildhauerarbeiten stammen vom Hofbildhauer Damart.

127 Historischer Mittelpunkt Stettins ist die JAKOBIKIRCHE. Deutsche Siedler begannen 1187 den Bau in Backsteingotik unter dem Kaufmann Beringer. Wichtige Erweiterungen folgten. Im Krieg gegen Schweden wurde sie 1677 durch Beschuß des Großen Kurfürsten zerstört; er ließ sie später wiederherstellen. Erst 1894 erhielt die Jakobikirche mit 119 m den höchsten Kirchturm Pommerns. Nach den Zerstörungen von 1945 haben die Polen die Kirche mit einem nur 55 m hohen Turm wiederhergestellt. Hier hat von 1820 bis 1866 der Komponist Carl Loewe als Kantor gewirkt.

128 An der Mündung der Plöne in den Dammschen See gründeten deutsche Siedler 1176 ALTDAMM dort, wo die Polen 1121 die Wallburg der Pomoranen (Vadam) zerstört hatten. 1260 erhielt der Ort Magdeburger Stadtrecht. Die Stadt wuchs auf über 16.000 Einwohner und wurde 1939 Stettin eingemeindet. Mittelpunkt Altdamms ist die Marienkirche, eine spätgotische Hallenkirche mit einem 84 m hohen Turm. Der See am Rande der Buchheide (unser Bild) ist ein Überbleibsel des großen Haffstausees und wird einmal der Verlandung anheimfallen, Pflanzen dringen in den See hinaus. Altdamm ist durch seinen Flugplatz für Stettin von Bedeutung, die ideale Kombination eines Land- und Wasserflughafens. Die Buchheide mit ihrem dichten Laubwald bedeckt heute den Boden des ehemaligen Haffstausees. Aus Altdamm stammt der preußische Baumeister des Klassizismus Friedrich Gilly; Friedrich Schinkel ist sein Schüler gewesen. Bekannter ist Carl Teike, Komponist der »Alten Kameraden«. Vielbesuchte Strandbäder und stille kleine Fischerdörfer charakterisieren das Umland und den Dammschen See.

129 Nur 22 m über dem Meeresspiegel in der Flußniederung rechts der Oder, 20 km südlich Stettins, liegt die Kreisstadt GREIFENHAGEN mit etwa 10000 Einwohnern (1939). 1254 erhielt sie Stettiner Recht. Von den Stadttoren ist lediglich das Bahner Tor (auf quadratischem Grundriß) mit seinen Granitquadern und dem zylindrischen Aufbau übriggeblieben. Die Pfarrkirche St. Nikolaus ist ein frühgotischer Granitquaderbau aus dem 13. Jahrhundert in Form eines griechischen Kreuzes. Ihre gute Ausstattung ist durch die Zerstörungen von 1945 zum Teil verlorengegangen. Große Wandgemälde berichteten aus der Heilsgeschichte. Das Sterngewölbe ist durch Linien von Backsteinen gegliedert. Die Kanzel entstand 1605. Durch Brücken über die beiden Oderarme ist die Stadt mit Vorpommern verbunden gewesen. Die Bevölkerung lebte vom Handel mit Fischen, Holz, landwirtschaftlichen Erzeugnissen bzw. der Erzeugung von Filzwaren und Kurbelwellen. Eine Dampfschiffreederei hatte hier ihren Sitz. Zum Nachteil Greifenhagens hat 1945 die Oder-Neiße-Linie die Straße an der Westoder unterbrochen.

130 Bei der Kirche von STRESOW handelt es sich um eine sogenannte Quaderkirche. Das Mauerwerk mit seinen geradlinigen Lagefugen ist sorgfältig in insgesamt 21 Schichten gesetzt. Sechs hohe schmale Fenster bringen Leben in die schlichte Seitenwand. Die ursprüngliche Schönheit erscheint unberührt. Im ersten Stock des Turmes ist ein Kreisfenster ausgespart mit Blenden und kleinen Fenstern darüber. Ein reich geschmückter Kanzelaltar aus Eichenholz mit Christus und Moses und die sonstige Ausstattung bringen barocke Schmuckfreudigkeit um 1700 in das Innere der Kirche.

131 Das auf dem linken Oderufer gelegene GARTZ erhielt 1249 Magdeburger Stadtrecht. Als Grenzfeste zwischen Pommern und Brandenburg war es häufig umstritten. Schon 1305 führte bei Gartz eine Brücke über die Oder, und die Stadt trieb lebhaften Handel. Die teilweise noch erhaltene Stadtmauer mit dem Stettiner Tor, dem Wartturm »Blauer Hut« und dem Storchenturm (rechts im Bild) erinnert noch an das Mittelalter. Früher Ausflugsort der Stettiner, ist Gartz ein Beispiel dafür, wie ein blühendes Gemeinwesen durch willkürliche Grenzziehung seine Funktion verlieren kann.

132 Eine fruchtbare Schwemmlandschaft ist der Pyritzer Weizacker, der sich vorzüglich zum Anbau von Weizen und Zuckerrüben eignet. Auf großen Bauernhöfen wird intensive Rinder-, Schweine- und Geflügelzucht betrieben. Hauptort dieser von der Natur gesegneten Gegend ist PYRITZ, ursprünglich eine slawische Burgsiedlung. 1124 predigte Otto von Bamberg hier das Christentum. 1263 erhielt die Siedlung Stadtrecht. Seit 1301 wurde die Stadtmauer mit acht Türmen angelegt. Der Eulenturm (unser Bild) und die hohe Mauer geben einen Eindruck von der Stärke der alten Stadtbefestigung. Wertvolle Kulturdenkmäler gingen 1945 unter. Die bäuerliche Wohlhabenheit spiegelte sich im Volkstum wider. Je reicher die Bäuerin, um so mehr Röcke trug sie übereinander, um so reicher fielen die Stickereien an Mützen, Schürzen und Strümpfen aus, und um so schwerer war das Tuch des langen Männerrocks. Die leuchtenden Farben der Frauentracht waren der blühenden Natur nachempfunden. So sangen die Burschen: »Blag as de Kurnblum / Un rot as de Mahn / Möten unsere Mäkes / De Kledröck stahn.«

133 Die Christianisierung hatte die Verkündigung der Frohen Botschaft als Ziel. Die weltlichen Herrscher verbanden damit aber auch die Absicht, die verschiedenen Stämme und Völker in ihrem Herrschaftsbereich durch eine gemeinsame Idee zu vereinen. So zog Bischof Otto von Bamberg mit päpstlicher und kaiserlicher Erlaubnis auf Veranlassung und mit Unterstützung König Boleslaws III. von Polen nach Pommern. Herzog Wartislaw von Pommern stellte Otto eine Schutzwache und versah ihn mit einem Geleitbrief. Nach anfänglichen Schwierigkeiten ließen sich in Pyritz viele Pommern taufen. Ottos Besuch in Wollin hatte erst beim zweiten Mal Erfolg, da in Stettin nach der Zerstörung der heidnischen Heiligtümer die alten Götter geschwiegen hatten. Tausende ließen sich taufen, Kirchen wurden gegründet; dennoch zerfielen die Gemeinden wieder. Erst seine zweite Missionsreise mit Unterstützung Kaiser Lothars von Sachsen im Jahre 1128 festigte das Christentum in Mittelpommern. Wo nach der Überlieferung der Pommernapostel 1124 die ersten Pommern getauft hatte, errichtete man den Pyritzer OTTOBRUNNEN.

134 Die ersten deutschen Einwanderer wollten nicht in der Nähe der slawischen Burg wohnen, die in ungesunder Lage auf einem Hügel inmitten sumpfiger Wiesen stand, sondern besiedelten einen entfernten Höhenzug. Zwischen 1240 und 1250 ist die erste, Maria geweihte Kirche entstanden. Später nannte man sie MAURITIUSKIRCHE, wohl um eine Verwechslung mit der Marienkirche in Pyritz-Altstadt zu vermeiden; andererseits hatte die Stadt 1262 das magdeburgische Recht erhalten. Der Dom zu Magdeburg aber war dem heiligen Mauritius geweiht. Der Brand von 1460 beschädigte die Kirche. So schuf man das Langhaus, bestehend aus Mittelschiff und anschließenden Abseiten und Westturm. Das Hauptgewölbe und das des hohen Chores erhielten einheitlich eine Höhe von 17,9 m, das Gewölbe der Abseiten von 11 m. Feuer zerstörte 1596 die Kirche. Nach dem Stadtbrand von 1634 entstand die Kirche neu als gotischer Bau, der Turm entsprach mehr dem Barock. Mitte des vorigen Jahrhunderts kamen Erweiterungen hinzu. 1945 nahm die Mauritiuskirche Schaden. Im Zuge der Renovierung erhielt sie einen einfachen Turm.

135 Unverwechselbar in ihrer Eigenart ist die Quaderkirche zu BRIETZIG, schon wegen ihrer Ausschmückung. Die buntbemalte Holzdecke ist reich verziert und ähnelt in ihrer Farbenpracht der Volkstracht der Weizacker Bäuerinnen. In der Mitte ist sie geteilt und besteht auf jeder Seite aus fünf Jochen. Das Gewölbe ist aufgehängt, da Pfeiler fehlen; wie Stalaktiten hängen sie von der Decke herab. Die Kanzel fügt sich mit ihrem üppigen Schmuck in das Gesamtbild ein. Diese wohlgelungene Tischler- und Schnitzarbeit aus dem Jahre 1697 verdanken wir einem künstlerisch begabten Müllerburschen.

136 STARGARD an der Ihna, gleichzeitig Verwaltungssitz des Kreises Saatzig, wird als slawische Burg (Stargard = alte Burg) auf einer Insel der Ihna 1140 genannt. Um 1186 entstand daneben eine deutsche Siedlung, die um 1253 Magdeburger Stadtrecht erhielt. Den einstigen Reichtum der aufblühenden Hansestadt bezeugen Marienkirche, Rathaus, gotische Bürgerhäuser, Türme und Tore.
1653–1720 war Stargard Hauptstadt Hinterpommerns, weil Stettin schwedisch geworden war. Die backsteinrote Marienkirche, 1350 vollendet, zählt zu den bedeutendsten Bauwerken Pommerns und besitzt das höchste Schiff unter den pommerschen Kirchen. Im Dreißigjährigen Krieg brannte 1635 der Nordturm nieder. Der erneuerte Turm wurde 1945 wieder ein Raub der Flammen. Heute ragt der wiederhergestellte Turm 84 m hoch in den Himmel. Bemerkenswert ist das gotische Backsteinportal der Marienkirche. Eine Kirchenglocke von St. Marien läutet heute in der ehemaligen Reichsstadt Nördlingen: »Die Stargarder Glocke war uns ein Symbol der verlorenen und wiederzugewinnenden deutschen Einheit«, sagte der Dekan 1953.

137 Hansischer Bürgerstolz der Stargarder zeigt sich auch in der Innenansicht der MARIENKIRCHE, einer dreischiffigen Hallenkirche mit Chorumgang. Ihr Mittelschiff ist 78 m lang, 10 m breit und 32 m hoch, ihre Westfront 37,15 m breit. Solche Ausmaße erzeugen eine Raumwirkung wie in keiner anderen Kirche Pommerns. An der Südseite befindet sich eine zweigeschossige Sakristei, an der Nordseite die größere mehrseitige Marienkapelle. Nach dem Brand von 1635 schuf Daniel Zilcher im Hochschiff feingegliederte Sterngewölbe, die etwas verspielt wirken. Das Obergeschoß, mit Blendnischen verziert, steigt in die Höhe. Halbkreisförmige Bogen und eine große Rosette schließen es ab. Wunderbare Glasgemälde tauchen den Raum in ein magisches Licht. Das reiche Kirchenarchiv blieb erhalten. Die Veränderungen im Innern aus dem Jahre 1635 und später widersprechen schon durch die Farbgebung der Backsteingotik, ebenso wie die Einteilung der Pfeiler in Quaderflächen. Neben Brandschäden im letzten Krieg war sogar ein Teil des Gewölbes eingestürzt. Die Restaurierung hielt sich an bisherige Vorbilder in der Kirche.

138 In der Zeit der Hanse war Stargard für kleinere Schiffe erreichbar. Die Waren wurden vorher in Gollnow oder Stettin umgeladen. Zeitweise zeichnete sich sogar ein Wettbewerb mit Stettin ab, der mitunter sogar durch Fehden ausgetragen wurde. Bürgerstolz und Wohlstand finden sich immer wieder im Stadtbild, zeigen sich in den in die Gegenwart herübergeretteten Wehrbauten, wie im Pyritzer, dem ältesten Tor, im Wall- und im doppeltürmigen Mühlentor, das die Ihna überbrückt, in der Stadtmauer mit ihren Mauertürmen aus dem 13. Jahrhundert, in den Bürgerhäusern und Sakralbauten. Wie St. Marien als gotische Kirche, war auch das RATHAUS Ende des 16. Jahrhunderts gotisch geprägt. Daraus erwuchs ein klar gegliederter, charakteristischer Bau der deutschen Renaissance. Der barocke Giebel trägt reiche Stuckverzierungen. Die massiven Zerstörungen gegen Kriegsende haben viele historische Bauten der Stadt vernichtet. Trotz der Bemühungen polnischer Denkmalspfleger bei wichtigen Baudenkmälern haben die modernen Betonbauten das einstige Stadtbild Stargards geschichts- und gesichtslos gemacht.

139 Römische Münzfunde im Raum Stargard weisen auf regen Warenaustausch schon im Altertum hin; hier kreuzten sich alte Handelswege. Seit 1361 gehörte die wohlhabende Stadt zur Hanse und diente pommerschen Herzögen als Stütze gegen Adel und Seeräuber. In mehrstöckigen, mit Kränen ausgerüsteten SPEICHERN stapelten sich die Erzeugnisse des Landes, und Woll- und Viehmärkte belebten die Wirtschaft. Das Reichsbahnausbesserungswerk beschäftigte 2000 Stargarder. Die Firmen Mampe und Winkelhausen sind durch alkoholische Erzeugnisse weithin bekannt geworden.

140 In dem von Herzog Barnim 1248 gegründeten Nonnenkloster MARIENFLIESS nordöstlich von Stargard lebten die Nonnen nach den Regeln der Zisterzienser. Woher die ersten Nonnen kamen, weiß man nicht. Um das Kloster entstanden deutsche Dörfer. Nach der Reformation wurde es in ein Damenstift umgewandelt, das bis 1944 bestand. Die Klosterkirche ist ein langgestreckter einschiffiger Backsteinbau mit dreiseitigem Chorabschluß und durch Strebepfeiler verstärkten Seitenwänden. An die Stelle des Holzturmes trat 1890 ein massiver Turm über dem Dach. Die Kirche ist flach gedeckt. Ihre Deckenbalken sind bemalt. Der mittelalterliche Altar zeigt Malereien aus der Passion. An der Südwand steht ein Altar mit fünf geschnitzten Heiligenfiguren von 1690. Ein barockes Kunstwerk ist die auf einer Mosesfigur ruhende Kanzel von 1727 in den Farben Weiß, Gold und Blau, eine Stiftung der Priorin von Strauß. Noch älter sind der schwebende Taufengel und das Taufbekken, beide aus dem Jahre 1613. Auf einem 4 m hohen Epitaph (1683) ist der kurfürstliche Rat Andreas von Thur mit seinen beiden Ehefrauen abgebildet.

141 Auf einer Insel am Zusammenfluß des Krampehl mit der »Gestohlenen Ihna«, die gemeinsam in die Ihna fließen, steht die Wasserburg PANSIN, 1285 erstmals genannt. Die Besitzer aus bekannten pommerschen Geschlechtern haben oft gewechselt, von einem Ritter Rütger von Pansin über einen Ritter Hans von Borck, über den Orden der Johanniter mit dem Vertragspartner Bernhard von der Schulenburg, über die Vettern von Gütersberg, den Orden, den Ritter Heinrich von Borck (200 Jahre lang Familienbesitz), schließlich an Peter Georg von Puttkamer. Kostbarkeiten barg die Burg, so die Rose von Jericho oder ein Bild der Sidonie von Borck, 1620 in Stettin als Hexe verbrannt. Die Wasserburg besteht aus mehreren Bauteilen, einige Häuser stammen aus der Zeit der Ordensritter. Das Langhaus führt in die spätgotische Zeit mit einem Renaissancebau aus dem 16. Jahrhundert. Johann Hinrich von Strack hat Mitte des vorigen Jahrhunderts Erweiterungen durchgeführt. Durch den Brand von 1935 gingen unersetzliche Werte verloren. 1945 brachte Bogislaw von Puttkamer den Gutstreck nach Schleswig-Holstein.

142 An der hinterpommerschen Hauptbahn Stettin – Königsberg liegt FREIENWALDE im Kreis Saatzig, ein kleines Städtchen mit 3400 Einwohnern (1939). 1250 wurde diese Gegend noch als wüst bezeichnet. Dann entstand eine deutsche Siedlung, die 1338 von den Herren von Wedel Stadtrecht erhielt. Sie besaßen hier eine Burg, wahrscheinlich ein Ausbau der slawischen Burg in der Nähe des »Hohen Tores«. Von dem mittelalterlichen Kern bis 1945 ist nur noch die Stadtkirche St. Marien am Westufer des Großen Staritzsees übriggeblieben, ein Ziegelbau aus dem 15. Jahrhundert. Der viereckige Turm mit dem kunstvollen gotischen Backsteinportal des Seitendurchgangs erhebt sich über dem Fundament aus großen Granitsteinen. Die Anlage selbst ist einfach, Mittel- und Seitenschiffe sind gleich hoch und auf jeder Seite durch drei achteckige Pfeiler geteilt. Mittelschiff und Chor besitzen Sterngewölbe. Die Kirche gehörte zum Bereich des Camminer Stifts und besitzt einen kunstvollen Altar aus dem Mittelalter. Häufiger Wechsel der Prediger brachte nach der Reformation Unruhe in die Glaubensgemeinschaft.

143 Nach der Sage vom ENZIG-SEE war Ende des vorigen Jahrhunderts unter den Krebsen eine Seuche ausgebrochen. Schuld daran sollte der »Große Krebs« gewesen sein. Das von den Askaniern 1312 gegründete Nörenberg wurde dadurch bekannt. Auf Notgeldscheinen von 1922/23 wurde die Sage weiter verbreitet. Mit seinen Buchten, Lanken genannt, gehört der von bewaldeten Höhen umgebene Enzig-See zu den schönsten Landschaften Pommerns. Vormals Sammelbecken eiszeitlichen Schmelzwassers, ist er bis zu 50m tief. Eine Bootsfahrt auf dem »glasklaren« Wasser war ein Erlebnis.

144 Im Zuge der Auflösung der Grenzmark Posen-Westpreußen im Jahre 1938 kamen die neumärkischen Kreise Arnswalde und Friedeberg zu Pommern. Der Kreis Arnswalde, südlich der oberen Ihna gelegen, von der Drage durchflossen, führt im Kreiswappen den brandenburgischen Adler, der über dem stilisierten Wald thront; auf ausgedehnte Wälder, die auf Sandflächen wachsen, will also das Kreiswappen hinweisen. Reizvolle Seen beleben die Landschaft. Den Klücken-See bei Arnswalde, Senzig- und Radun-See verbindet ein schmaler Kanal mit kilometerlangen Uferwegen. Die Stadt ARNSWALDE an der Bahn Stettin–Kreuz und deren Abzweigungen entstand »aus wilder Wurzel«. Erstmals taucht ihr Name 1281 in den Urkunden auf, und 1290 verliehen ihr die brandenburgischen Markgrafen Angermünder Stadtrecht. Von 1402 bis 1454 gehörte sie dem Deutschen Ritterorden. Teile der Stadtmauer sind erhalten. Die Marienkirche (unser Bild) steht auf dem Marktplatz: ein gotischer Backsteinbau mit einem gewaltigen Westturm, an dem die Fenster mit den Blenden auffallen. Beschädigungen von 1945 sind bis heute noch nicht ganz behoben.

145 Mit dem Geschlecht derer von Wedel aus Holstein hatten die Pommernherzöge manches Gefecht zu führen. Als die Brandenburger nach Kolberg vordrangen, mußten sie dem Haus Wedel das Recht zum Aufbau des Schlosses Plathe zugestehen. Neuwedell, Sitz des Geschlechts, liegt auf einer Halbinsel des NEUWEDELLER SEES, den die Drage durchfließt. In abgelegenen Seeteilen findet sich eine Seerosenart mit kriechendem Wurzelstock und tellergroßen, langstieligen Schwimmblättern und rosenähnlichen Blüten. Am Uferrand wächst der beliebte schmalblättrige Rohrkolben.

146 Südlich des Pommerschen Höhenrückens, in der Nähe der Kreisgrenze von Arnswalde und Friedeberg, liegt das Dorf BERNSEE. Anfang des 19. Jahrhunderts baute man in der Zeit des Pastors Zimmermann eine neue Kirche aus Backstein in neuromanischem Stil, nachdem man vorher die alte Dorfkirche gegenüber der Schule abgerissen hatte, in der damaligen Zeit, da der Lehrer oft Kantor in der Kirche war, eine typische Nachbarschaft. Die neue Kirche entstand etwas außerhalb des Dorfzentrums auf einem 10 m hohen Hügel. Das 25 m hohe Bauwerk war schon von weitem sichtbar.

147 Auf der Südabdachung des Pommerschen Höhenrükkens und nördlich des Netzebruches, 72 m über dem Meer, liegt die Kreisstadt FRIEDEBERG/Neumark, die seit 1938 zu Pommern gehört. Brandenburgische Markgrafen gründeten sie 1260/1270 als Feste gegen Poleneinfälle. Nach der Zerstörung durch Polen (1272) ist die Stadt kreisförmig und schachbrettartig angelegt worden; eine Ringmauer aus Feldsteinen, 8 m hoch, umgibt sie. Das Driesener Tor ist ein Ziegelbau mit einfachem Staffelgiebel, ungewöhnlich durch das angebaute zweite Tor, das die Höhe der Stadtmauer erreicht.

148 In ihrem Unterlauf durchfließt die Netze das Netzebruch, das durch Meliorationen und Dorfgründungen als eines der beispielhaften Friedenswerke Friedrichs des Großen und seines Mitarbeiters von Brenkenhoff genannt sei. In diesen beiden Persönlichkeiten waren »Qualität, Hingabe, Initiative und Rücksichtslosigkeit gegen sich selbst« vereint. Unter den Nachfolgern Friedrichs erlosch der Wille zu solchen Leistungen. GOTTSCHIMMERBRUCH, Kreis Friedeberg/Neumark, ist ein Zeuge dieses Siedlungswerkes. Es liegt am Ufer der Netze, die südlich von Bromberg nach Westen in das Thorn-Eberswalder Urstromtal einbiegt. Der Fluß ist schiffbar und verbindet durch Bromberger Kanal und Brahe die Weichsel mit der Oder. Von 1919 bis 1945 bildete die Netze von Usch bis Kreuz die deutsch-polnische Grenze. Die einfache Dorfkirche ist aus Ziegelsteinen gebaut, der Turm aufgesetzt. Über dem zweiteiligen Holzturm und der kleinen Haube leuchtet hoch oben das Kreuz. Vielsagend sind weitere Dorfnamen im Umkreis: Alt- und Neuschonings-, Gurkowsch-, Brenkenhofs-, Friedebergs-, Mittel-, Netzbruch u. a.

149 An einem alten Übergang über die Netze, im Mittelalter zwischen Polen, Pomoranen, dem Deutschen Ritterorden und Brandenburg hart umkämpft, liegt DRIESEN, Kreis Friedeberg/Neumark, an der Ostbahn Berlin–Königsberg. Der Ort besitzt eine Fachwerkkirche. Das Wohnhaus in schmuckem Fachwerk, wohl ein Kleinbauernhaus mit Heuaufzug und Storchennest, ruht auf einem massiven Unterbau. Auf der Giebelseite liegt die Schwelle als Grundlage, in die die Ständer eingezapft und durch Riegel verbunden sind. Schräge Streben verstärken den Zusammenhalt.

150 FOLLSTEIN im Netzekreis hieß ursprünglich Fulstyndorf, wohl nach dem Namen der protestantischen Frau des Grundherrn Johann Czarnkowski. Die Holländerei entstand etwa 1601 zu gleicher Zeit wie Neuhöfen. 1632 gab es schon 32 Häuser mit etwa 30 Hufen; der damalige Dorfschulze hieß Valentin Eichmann, und alle Einwohner trugen deutsche Namen. Von etwa 1661 bis 1773 versah die Familie Wiese das Schulzenamt. Der Schulze besaß zwei Hufen. Die große Hufe bestand im Filehner Gebiet aus 50 oder 60 Morgen. Trotz mehrmaliger Pest kamen in Follstein noch 1939 Namen aus der Zeit von 1653 vor. Nach 1815 begann der Aufstieg des Ortes. Bahnen und Chausseen erleichterten den Verkehr, Städter kauften gern Lebensmittel auf dem Lande. 1930 zählte Follstein 592 Personen und hatte zwei Schulen. 48 Bauern besaßen 1939 zwei Pferde, nur 5 Landwirte arbeiteten mit einem Pferd. 1637 entstand die erste Kirche. Damals durften Mischehen nur in der katholischen Kirche von Filehne geschlossen werden. 1870/71 ließ die Gemeinde eine Kirche aus Backstein erbauen; weit über das flache Netzetal leuchtet der hohe Turm.

151 Das deutsche FILEHNE des Netzekreises ist nur ein Vorort der eigentlichen Kreisstadt Filehne südlich der Netze, die seit 1919 zu Polen gehört. Der Versailler Vertrag brachte die Trennung. Bei Deutschland blieb der unbedeutende Vorort, Bahnstation an der Ostbahn, die den ganzen Netzekreis durchquert. Schon 1919 kamen Flüchtlinge über die Netze aus der ehemaligen Provinz Posen ins deutsche Filehne. Das noch schwerere Los der Vertreibung traf dieselben Menschen 1945. Die Brücke im Hintergrund unseres Bildes verbindet die an beiden Netzeufern gelegenen Ortsteile von Filehne.

152 Als einige holländische Bauern und Deutsche auf das Privileg eines polnischen Grundherrn hin um 1600 ins Land gekommen waren, entstand NEUHÖFEN im Netzekreis. Generationen von Deutschen haben aus Sumpf fruchtbares Land geschaffen. Die erste Kirche soll ein Samuel Winter gebaut haben. Nach Vernichtung durch einen Blitzschlag entstand 1792 eine Fachwerkkirche, in die das gerettete bunte Glasfenster, der geschnitzte Altar und die Kanzel übernommen werden konnten. Nach Umweihung durch Polen ist in einem Fenster heute noch das Netze-Kreiswappen zu sehen.

153 Beiderseits der Küddow, nördlich der Mündung in die Netze, liegt SCHNEIDEMÜHL, Stadtkreis und Hauptstadt der Grenzmark Posen-Westpreußen von 1922 bis 1938, von da an Hauptstadt eines pommerschen Regierungsbezirks innerhalb Pommerns. 1380 erhielt es sein erstes Stadtprivileg, 1513 Magdeburger Stadtrecht, 1772 kam es zu Preußen. Jetzt erwachte die Stadt aus dem polnischen Schlaf. Das Reich bedankte sich für die Treue der Schneidemühler in der Gefahr von 1919/20 durch das Treudankhaus, das ein Theater und ein Museum umfaßt, kultureller Mittelpunkt der Bezirkshauptstadt.

154 Als Hauptstadt der von den ehemaligen preußischen Provinzen Westpreußen und Posen abgetrennten Gebiete, die zur Grenzmark zusammengefaßt wurden, gewann Schneidemühl an Bedeutung. Die katholische Seite richtete 1923 im überwiegend katholischen Tütz eine Apostolische Administratur ein, die 1926 nach Schneidemühl verlegt wurde. Aufgrund des preußischen Konkordats von 1929 trat die Prälatur an deren Stelle. Die evangelischen Christen, zwei Drittel der Bevölkerung, gehörten bis 1919 zur Kirchenprovinz Posen der evangelischen Kirche der altpreußischen Union und wurden danach vom evangelischen Konsistorium in Stettin betreut. Mit dem 1924 in Schneidemühl eingerichteten Konsistorium wurde es Mittelpunkt einer Provinzialkirche. Die evangelische Kirche auf dem Marktplatz existiert nicht mehr. Die KATHOLISCHE KIRCHE zur Heiligen Familie beeindruckt mit ihren zwei Türmen. In der Mitte des Seitenaltars ist Maria mit Krone dargestellt, auf dem Arm das ebenfalls gekrönte Christuskind, eingerahmt von zwei Konsolen, darüber zwei blasende Putten, über den Verzierungen das Kreuz.

155 Wie die anderen Kreise der Grenzmark gehörte der Kreis Flatow zu den ehemaligen preußischen Provinzen Westpreußen und Posen. Sie waren Reste dieser Provinzen, die nach dem Diktatfrieden von Versailles 1919 beim Deutschen Reich geblieben sind. Gewaltsam wurde geteilt, was historisch zusammengehört hatte. Der Kreis Flatow selbst büßte etwa ein Drittel seiner Fläche und fast die Hälfte seiner Einwohnerzahl ein. FLATOW an der Glumia, Nebenfluß der Küddow, lag nahe der Grenzscheide zwischen Pomoranen und Polanen. Jene waren bis 1230 Herrscher des Flatower Landes. Flatow selbst konnte sich bis 1370 zu einer Stadt mit Magdeburger Recht entwikkeln. Danach geriet die Grundherrschaft an polnische Adelsfamilien, die Bevölkerung jedoch, deren Vorfahren im 13. Jahrhundert dem Ruf der Grundherren gefolgt war, blieb vorwiegend deutsch. 1772 kam Westpreußen, somit auch Flatow, zu Preußen. Das Schloß ist ein langgestrecktes Gebäude mit einem ansehnlichen Turm auf der Giebelseite. Ähnliche Türme weisen das Amtsgericht und die evangelische Kirche auf, die Schinkel entworfen hat.

156 Zum Gebiet der Herrschaft Radawnitz gehörten mehrere Dörfer, darunter RADAWNITZ am Radawnitzer Fließ mit dem Schloß. Bis 1719 unter Flatower Herrschaft, wechselten danach die Besitzer oft nach wenigen Jahren. 1822 bestand das Dorf aus einem Vorwerk, zehn Ganz-, 26 Halb- und acht Viertelbauernhöfen. Die langgestreckte Fassade des Schlosses wird aufgelockert durch unterschiedlich hohe Bauteile, risalitähnliche Türmchen und den Vorbau mit dem Haupteingang. Radawnitz besaß eine katholische Kirche und ein evangelisches Bethaus mit Turm.

157 Wie in anderen Orten Westpreußens, die unter 300jähriger Herrschaft Polens gestanden hatten, begrüßten in KROJANKE an der Glumia nach 1772 die Menschen Rechtssicherheit und Toleranz in Glaubensfragen. Die Stadt erhielt 1772 eine evangelische Schule, 1799 eine evangelische Kirche (Schinkelbau). In 30 Jahren Preußenzeit war die Einwohnerzahl auf das Dreifache gestiegen. Handel und Verkehr blühten auf. Die Frachten kamen von der Netze über Weißenhöhe nach Krojanke. Gänse- und Schweinetransporte gingen in den Oderbruch. Sieben Jahrmärkte der Krojanker bildeten den Mittelpunkt der Wirtschaft des weiten Hinterlandes, das durch den Versailler Vertrag verlorenging. Der Handel erlahmte; doch der Staat förderte Bauvorhaben, Entwässerungs- und Kanalisationspläne. Eine neue Glumiabrücke entstand, und man begann mit dem Bau einer Chaussee nach Schneidemühl. Die am Wasser gelegene, aus Ziegelsteinen erbaute katholische Kirche ist kunstvoll barock ausgestattet, der Oberbau ihres Turmes (18. Jh.) eigenartig gegliedert, frühere Fensteröffnungen sind in der Vermauerung zu erkennen.

158 Zwischen Schloß- und Großem Radun-See liegt 120 m ü. M. DEUTSCH KRONE auf dem Pommerschen Landrücken. Magdeburger Stadtrecht erhielt es 1303. In dem kaum bewohnten Waldgebiet zwischen Pommern und Polen siedelten die Markgrafen von Brandenburg deutsche Bauern an. Das aus polnischer Zeit stammende Jesuitenkolleg wurde 1773 Gymnasium. Christian Ewald von Kleist ging hier zur Schule, ebenfalls der in Kulm geborene Hermann Löns, der Dichter der Lüneburger Heide. Die Landschaft seiner Jugend prägte seine Empfindsamkeit für Naturschönheit.

159 Wie die Kreisstadt Deutsch Krone liegt JASTROW an der alten Heerstraße Berlin-Königsberg; 1939 zählte es 5900 Einwohner. 1363 wird es als königliches Dorf erwähnt, 1602 erhält es Magdeburger Stadtrecht. Die Bewohner waren schon damals deutsch, die Grundherren dagegen polnische Adlige. Jastrow, ein typisches Landstädtchen, ist bekannt durch die Tabakverarbeitung. Um den Hauptbau der etwas ungewöhnlichen Kirche führt ein niedriger Anbau. Auch der helle quadratische Turm ist angebaut, dazu etwas seitlich versetzt und überdacht mit einer sechseckigen Turmspitze.

160 Die Kleinbahn verbindet SCHLOPPE (1939: etwa 3000 Einwohner) am Dasselfließ, einem Nebenfluß der Drage, mit der Kreisstadt Deutsch Krone im Nordwesten und mit Kreuz im Südwesten. Während der Polenzeit konnte sich das bodenständige Deutschtum in diesem Raum durch die Tatkraft der adeligen Familien Wedel, Blankenburg und Goltz halten. Die Reformation hatte sich nach 1550 durchgesetzt. Anfangs hatte man von polnischer Seite freie Religionsausübung zugesichert, später aber das evangelische Bethaus geschlossen. 1772 wurde die Stadt preußisch und damit freie Religionsausübung selbstverständlich. Nur das Rathaus (unser Bild), das ein schöner vorgebauter Giebel, ein risalitähnlicher Vorsprung, ziert, die neue katholische Kirche, ein großes Schulgebäude und einzelne Wohnhäuser haben das Jahr 1945 überstanden. Alles übrige ist, wie der Holzbau der alten katholischen Kirche aus dem 17. Jahrhundert und die evangelische Kirche auf dem Marktplatz, ein Fachwerkbau, verlorengegangen. Schloppe besaß Tuchmachereien, Mühlen und Betriebe zur Verarbeitung landwirtschaftlicher Erzeugnisse.

161 An drei Seiten malerisch von Seen eingerahmt, liegt TÜTZ, Kreis Deutsch Krone, eine Kleinstadt von 2700 Einwohnern, wie Schloppe an der „Königsstraße“ Posen–Kolberg und der Bahnlinie Stargard–Schneidemühl. Große Bedeutung gewann es, als von 1923 bis 1926 im Schloß eine Apostolische Administratur eingerichtet wurde. 1945 sind das Zentrum und das evangelische Gotteshaus zerstört worden. Die katholische Kirche und das abseits gelegene Schloß haben zwar stark gelitten, sind aber wieder aufgebaut. Seitdem dient das ehemalige Wedelsche Schloß als polnisches Ferienheim.

162 Vom Westen her gesehen beginnt in DRAMBURG das landschaftlich wunderschöne Gebiet der „Pommerschen Schweiz“. Ostwärts von Dramburg wellt sich das Gelände stärker, Seen und Wälder beleben das Bild bis weit nach Neustettin und in den südlichen Teil des Kreises Belgard. Hügel erreichen 200 m Höhe. Von großartiger Schönheit ist das Dragetal, bald Wildwasser in Waldschluchten, dann wieder seenartig erweitert in ruhiger Landschaft, wie beim Großen Lübbe-See, einer durch Gletscher ausgehobelten und mit Wasser ausgefüllten Senke südlich der Stadt. Auf Veranlassung der Markgrafen von Brandenburg gründete Arnold von der Goltz 1297 die Stadt; durch Kauf gelangte sie von 1400 bis 1450 an den Deutschen Ritterorden. Die Pfarrkirche, eine spätgotische, dreischiffige Hallenkirche mit einem mächtigen Westturm (unser Bild), stammt aus dieser Zeit. 1816 kam Dramburg von Brandenburg an Pommern.
In der Stadt lebten 1939 über 8000 Menschen. Sie verfügte über Tuchmachereien, Getreide- und Viehhandel, verschiedene Fabriken und Sägewerke. Auf Gut Wutzig komponierte Flotow seine Oper »Martha«.

163 Eingebettet in die Seenlandschaft des Pommerschen Höhenrückens liegt FALKENBURG, wie die Kreisstadt Dramburg, an der oberen Drage, die ihr rauschendes Wildwasser in dunklen Waldschluchten dahinjagt. Templer legten die Burg 1250 an; die Stadt gründeten 1333 die Wedels nach brandenburgischem Recht. Nach dem Jahre 1470 gehörte sie der Familie von Borcke. Aus dem 15. Jahrhundert stammt die Kirche. Zwar haben die Polen den Marktplatz wiederhergestellt; dennoch hält er keinem Vergleich mit der Zeit vor 1945 stand. Falkenburger Tuche erfreuten sich eines guten Rufes.

164 Ein wahres Prachtstück Pommerns war NEUSTETTIN, das auch heute unter den Polen einen gepflegten Eindruck macht. 1945 hat es kaum Schaden genommen. Die Stadt ist eng mit dem Wasser verbunden. Ihr langgestreckter Grundriß paßt sich den geschwungenen Ufern des Streitzig-Sees an, der sich von Nordwesten nach Südosten in einer von der Eiszeit geformten Rinne entlangzieht. Parkähnliche Grünstreifen begleiten die Ufer. 1310 erhielt Neustettin durch Herzog Wartislaw IV. von Pommern das lübische Recht verliehen. Die Stadt war als Abwehr gegen die askanischen Markgrafen gedacht. 1622–1650 nahm Herzogin Hedwig hier ihren Witwensitz und gründete 1640 ein Gymnasium. Das Schloß ist nur teilweise erhalten. Ein von der 1919 abgebrochenen alten Nikolaikirche übriggebliebener Turm dient als Heimatmuseum. Eine neue Nikolaikirche (unser Bild) im neugotischen Stil mit einem hohen spitzen Turm trat an ihre Stelle. Die günstige Lage an Seen förderte den Fremdenverkehr. Maschinen-, Filzwaren-, Kunststein- und Seifenfabriken, Getreide-, Vieh- und Holzhandel bildeten die wirtschaftliche Grundlage.

165 Auf dem südlichen Teil des Höhenrückens zwischen Neustettin und Ratzebuhr grüßt LOTTIN, ein Dorf mit einer für Hinterpommern typischen Fachwerkkirche. Deren gesamte Balkenkonstruktion aus Eiche ruht auf dem massiven Fundament. Die einzelnen Ständer sind durch Riegel verbunden, schräge Streben an den Ecken versteifen das Gerüst. Ein viereckiger eichener Holzturm, der aus einem Fachwerkunterbau emporsteigt und in einem stattlichen Helm endet, paßt zum Bau. Gepflegt kann eine Fachwerkkirche Anziehungspunkt sein und das Dorfbild bereichern.

166 Eine 1728 erbaute Fachwerkkirche ohne Turm besitzt WUSTERHANSE im Kreis Neustettin, nahe der oberen Persante. Den Turm ersetzt das Läutewerk, ein einfaches Gestell, wahrscheinlich aus Eichenholz, mit einer kleinen Überdachung und einem Glöckchen. Das Kircheninnere ist ähnlich einfach gestaltet wie das äußere Gebälk. Die Kirche besitzt einen Gethsemane-Altar von 1730, auf dessen Obergeschoß der Herrgott mit der Weltkugel thront; an der Kanzeltreppe träumt Jakob. Von der Decke hängt ein schwebender Engel herab. Die Gethsemane-Altäre des Neustettiner Kreises befassen sich mit dem Opfertod des Herrn. Da um 1690 der Pietismus in der ostpommerschen Kirche die Orthodoxie verdrängte, tritt die Mitleid erweckende Passion, der Gebetskampf von Jesus Christus, stärker in den Vordergrund, während man die Kreuzigungsszene vermeidet. Man erstrebte Verinnerlichung und erhoffte sich, entsprechend der damaligen Zeitströmung, Einfluß auf den sittlichen Wandel. An der Kirchhofmauer wachsen Maulbeerbäume, die man gepflanzt hatte, als Friedrich der Große in Pommern die Seidenraupenzucht einführte.

167 Die Kirche von KÖLPIN, an einem kleinen See mitten in der Pommerschen Schweiz zwischen Neustettin, Polzin und Dramburg, aus dem Jahre 1747 ist der einzige Backsteinbau des ganzen Kreises Neustettin aus dieser Zeit. Quadersteine stärken und zieren die Ecken. Der Chorteil ist dreiseitig geschlossen. Fensterkreuze teilen die Fenster in vier Teile, die wiederum in kleinste Scheiben unterteilt sind; über dem Fenster befindet sich ein trapezförmiger Schlußstein. Der untere Teil des Turmes ruht auf einem quadratischen Fundament, auf den der kleinere runde Teil aufgesetzt wurde. Eigenartig ist die Verbindung von Altar und Kanzel im Innern. Der vor einer niedrigen Holzwand errichtete Kanzelaltar beherrscht den Kirchenraum; durch eine kleine Tür erreicht der Prediger die Kanzel von hinten. Die durchbrochene Holzwand ist in einzelnen Teilen kunstvoll gestaltet, ebenso der Altartisch. Auf zwei hohen Sockeln stehend, rahmen zwei weibliche Gestalten als Hoffnung und Glaube die Kanzel ein. Darüber schweben zwei Putten. Sonnenstrahlen dringen aus dem Wolkenhimmel. Leider stören auch hier Girlanden.

168 Mit Pommerellen kam 1309 SCHLOCHAU unter die Herrschaft des Deutschen Ritterordens, der das Gebiet besiedelte und 1348 Kulmer Stadtrecht verlieh. Der Orden baute eine mächtige Burg mit einem sechskantigen Turm, stärkste Festung nach der Marienburg und Sitz eines Komturs. Der Turm ist erhalten geblieben. Im Zweiten Thorner Frieden (1466) wurde Schlochau der polnischen Krone unterstellt. 1772 fiel mit Westpreußen Schlochau an Preußen. Die Kreisstadt zwischen drei Seen gehörte bis 1920 zu Westpreußen, danach zur Grenzmark und von 1938 an zu Pommern.

169 An der alten Landstraße von der Mark Brandenburg nach Ostpreußen, dem »Markgrafenweg« (via Marchionis), der seit 1809 als Oststraße die Verbindung Berlin–Königsberg herstellt, liegt LANDECK, ehemals Burg des Ritterordens, dort, wo die Dobrinka in die Küddow mündet. Auf einer langen Strecke bildet die Dobrinka die Kreisgrenze zwischen Schlochau und Flatow. Erst 1775 erhielt Landeck Stadtrechte, blieb jedoch mit 1000 Einwohnern kleinste Stadt Pommerns. Das offene Städtchen ohne Mauern und Stadttore überragt der Kirchturm, an den Ufern verlandet der Fluß.

170 Das Dorf PETERSWALDE erstreckt sich im Südwesten des Kreises Schlochau an der ehemaligen Reichsstraße Berlin–Königsberg, etwa 8km von Landeck in Richtung Schlochau. Der Ortsname leitet sich wohl von einem Schulzen Peter ab, dem der Deutsche Ritterorden 1351 das Dorf verschrieben hat. Klein- und mittelbäuerliche Betriebe bebauten das Land. 1925 wohnten im Dorf 85,1 v.H. evangelische Christen, die zur Kirche in Landeck gehörten. Die Katholiken (14,8 v.H.) hatten ihre Kirche im Ort, erstmals erwähnt 1653; als Holzbau entstand sie 1785 und als Fachwerkbau 1885.

171 An der Landstraße Schlochau-Stegers, 14 km von der Kreisstadt entfernt, findet man das Bauerndorf FÖRSTENAU mit vorwiegend klein- und mittelbäuerlichen Betrieben. 1925 gehörten 69,5 v.H. der Bevölkerung der römisch-katholischen Kirche an; ihre mit Schindeln gedeckte, holzverkleidete, innen barock ausgestattete Pfarrkirche, die ein einfacher Turm überragt, stammt aus dem Jahre 1754. 1826 mußte man die Kirche um 10 m verlängern. Eine Glocke stammt aus dem 15. Jahrhundert. Die evangelischen Christen (1925: 30 v.H.) besuchten die 6 km entfernte Kirche in Stegers.

172 Bis 1736 war das Gut VARZIN, Kreis Stolp, im Besitz der Familie Zitzewitz, danach der Podewils und Blumenthal. Otto von Bismarck kaufte 1867 das Gut mit dem Geld aus der Dotation, die er für den glücklichen Ausgang des Krieges von 1866 erhalten hatte. Die 81jährige Gräfin Sibylle von Bismarck, Witwe des Grafen Wilhelm von Bismarck, Sohn des Reichskanzlers, gab sich 1945 den Tod. Sie hatte ein Haus (unser Bild) als Kutscherstall für 14 Kutsch- und Reitpferde eingerichtet; später diente es zu Stallungen. Die Varziner nahmen am Gottesdienst in der Wussower Kirche teil.

173 Aus Reinfeld südlich Rummelsburgs holte sich Otto von Bismarck seine Frau Johanna von Puttkamer. Sie ließen sich in ALT KOLZIGLOW vor einem einfachen Kanzelaltar der Dorfkirche trauen, der jüngsten Fachwerkkirche des Kreises aus dem Jahr 1823 mit einem Glockenturm vor dem Nordeingang. Auf dem Friedhof gibt es einige der seltenen Kaschubenkreuze, hier nicht sichtbar, sonst jedoch auffallend. Dem Auge bietet sich ein bunter, mit farbenfrohen Unkräutern und Blumen bewachsener, doch ungepflegter Friedhof. Einfache Kreuze tragen Namensschilder und Kruzifixe.

174 Da Varzin keine Kirche besaß, ging Otto von Bismarck gemeinsam mit der Landgemeinde und seiner Familie nach Wussow zur Kirche, die den schönsten Kanzelaltar des Kreises besitzt. Der Patron könnte den obigen Weg nach WUSSOW gegangen sein; typisch die Bäume an beiden Straßenseiten, ein schütterer Bewuchs in der welligen Landschaft mit dem Wald im Hintergrund. Die Betriebsstruktur in Wussow bestand aus einer Mischung bäuerlicher Betriebe und dem Gut, charakteristisch für viele Orte Hinterpommerns, wo im ganzen gesehen die Bauernwirtschaft überwog.

175 Den entscheidenden Einfluß hat BÜTOW vom Deutschen Ritterorden erhalten, der 1329 das Land erwarb und 1346 die Stadt mit kulmischem Recht gründete. Sichtbares Zeichen ist das monumentale Bauwerk der deutschen Ordensburg. Obwohl im Laufe der Jahrhunderte die Besitzer der Burg wechselten und die Benutzung sich änderte, blieb ihre festungsartige Gestalt erhalten. In den wehrhaften Außenwänden fehlen in mehreren Stockwerken die Fenster. Wuchtige Türme schützen ihre vier Ecken. Nach Restaurierung diente sie von 1936 bis 1940 als Deutsche Jugendherberge.

176 Diese dreiseitig geschlossene Fachwerkkirche erhielt der reizvoll am Jassener See gelegene Ort JASSEN um 1700. Ihr niedriger Holzturm mit geschweifter Haube entspricht der Holzbauweise in dem mit Wald gesegneten Land Bütow. Als einzige pommersche Kirche besitzt sie ein mit Rohr gedecktes Weichdach. Das Schleppdach an der Südseite hat man später angebaut. Der Altar, kunstgeschichtlich der bedeutendste des Kreises Bütow, besteht aus drei nach oben kleiner werdenden Geschossen mit Ölbildern: unten ein Ecce-Homo, in der Mitte die Auferstehung, oben Christi Himmelfahrt.

177 Zwischen Höhenzügen eingebettet, deren größte Erhebungen rund 200 m betragen, liegt der nicht weit von der westpreußischen Grenze entfernte JASSENER SEE. Er gehört zu den vielen schmalen, langgestreckten Rinnenseen Hinterpommerns, Schöpfungen der starken Kräfte des Eises. Er entwässert nach Norden in den Fluß Lupow, der wiederum, wie alle hinterpommerschen Flüsse, nach Nordwesten eilt, zur Ostsee oder einem Strandsee. Ein Anlegesteg, Waldinseln, Buchten und Menschen, kurz, »Es lächelt der See«: ein Idyll weit ab vom Lärm der unruhigen Zeit.

178 Dieser feste Dorfweg bei KLEIN POMEISKE, Kreis Bütow, folgt der Linienführung des früheren Sandweges. Solche Kunststraßen, oft auf beiden Seiten mit Straßenbäumen, mitunter auch Obstbäumen bestanden, sind Ausdruck der hinterpommerschen Landschaft. Die Baumkronen treffen sich über der Straße wie ein Baldachin. Leider müssen wir heute im Westen aus Gründen der Verkehrssicherheit weitgehend auf solche Romantik verzichten. Die Blumen am Wege erfreuen Auge und Herz. Mitunter sind ganze Felder mit Klatschmohn oder Kornblumen bewachsen.

179 Im nordöstlichen Teil des Pommernlandes scheinen sich Meeresküste und Landrücken zu vereinen, das Urstromtal der Leba mit dem Brenkenhofkanal dazwischen gab den Raum für die Entwicklung der Kreisstadt LAUENBURG, der »Perle des Blauen Ländchens«. Vom Deutschen Ritterorden erhielt der Ort 1341 Stadtrecht. Das Ordensschloß (14. Jh.), die Jakobikirche (15. Jh.) und der Efeuturm als Rest der Stadtbefestigung sind Zeugen einer großen Vergangenheit; der Bismarckturm war das Wahrzeichen. Viele Lehrer besuchten hier die Hochschule für Lehrerbildung.

180 Um das Mündungsgebiet des Lebaflusses, in der Einsamkeit des »letzten Strandes«, wo Max Pechstein so viele Motive fand, liegt LEBA mit seinem Fischereihafen. Als Siedlung mit lebhaftem Seehandel im 11. Jahrhundert entstanden, erhielt es vom Deutschen Ritterorden 1357 lübisches Recht. Durch Sturmfluten zerstört, steht das neue Leba seit 1558 auf seinem jetzigen Platz. Die Häuser reihen sich an der langen »Haupt«-Straße. Badegäste suchten in der stillen Dünenlandschaft Erholung und ließen sich die Fische schmecken. Das Kurhaus von 1913 heißt heute »Neptun«.

181 Vermutlich entsprach der Umfang des Speichers am Schloß in STOLP den Bedürfnissen der Schloßbewohner. Der Vorratsspeicher nahm die Früchte aus Garten und Feld auf, verbürgte eine trockene Lagerung des Getreides auf dem Dachboden und ermöglichte den Güterumschlag von Rohstoffen und Fertigwaren. Sein Backsteingiebel ist kunstvoll gestaltet, Blenden im Erdgeschoß haben fensterartige Öffnungen, darüber erscheint der aufgelockerte Giebel und eine Verschalung unterhalb des Firstes: im großen und ganzen eine dem Schloß angemessene Gestaltung dieses Zweckbaus.

182 Auf der Ostseite der Stolpe ist seit 1013 eine Siedlung bekannt, der eine 1269 erwähnte Burg Schutz bot. Damals entstand auf der Westseite des Flusses eine neue Siedlung, die an Brandenburg fiel, 1310 lübisches Recht erhielt, 1317 aber in den Besitz der pommerschen Herzöge kam, die diese durch die Hanse wohlhabend gewordene Stadt mehrmals verpfändeten. Sie bauten ein SCHLOSS, darin 1454 der bedeutendste pommersche Herzog, Bogislaw X., geboren wurde. Er erstellte 1507 ein neues Gebäude, das Ende des 16. Jahrhunderts Herzog Johann Friedrich in einen Neubau einbezog. Gotische Formen des Hauptgebäudes haben sich erhalten. Das Schloß diente öfter als Witwensitz, so 1600 der Herzogin Erdmuth. Als der Schloßhauptmann von Podewils 1682 das Schloß besichtigte, bestand der Komplex aus Haupthaus, Küchenbau, Marstall, Torbau, Kanzlei, Rentnerei und der ehemaligen benachbarten Klosterkirche. Erhalten sind Schloßbau, Kirche und Torgebäude. Die Schäden von 1945 sind beseitigt. Das Schloß hat ein neues Dach erhalten, ebenso eine Turmspitze. Mächtige Stützpfeiler sichern das Gebäude ab.

183 Dem Deutschen Ritterorden und den Polen ging es darum, das pommerellische Erbe und somit das Gebiet um Stolp in die Hand zu bekommen. Daher war der pommersche Herzog Wartislaw IV. (1309–1326) bemüht, mit den beiden Mächten in Frieden zu leben und der Stadt Stolp den inneren Ausbau zu ermöglichen. Mit der Mauer um die neue Stadt links der Stolpe wollte man zeigen, daß es hier endgültig eine deutsche Bürgerfreiheit gab. Die Bauformen der vier Tore (Mühlen-, Schmiede-, Holsten- und Neues Tor) sind wohl im 14. Jahrhundert entstanden, und das Straßennetz dürfte, trotz der vielen Feuersbrünste, dem heutigen entsprochen haben. In der Stadtmitte breitet sich der Markt aus, auf dem bis 1900 das Rathaus stand, neben dem Markt die Hauptkirche, davon ausgehend die geradlinigen Hauptstraßen mit vielen Nebengassen. Das Nonnenkloster stand unter dem Schutz des Holstentores, das Dominikanerkloster unter dem des Mühlentores am entgegengesetzten Stadtende. Holsten- und Schmiedetor sind verschwunden, Mühlen- und Neues Tor hingegen erhalten; die STADTMAUER besteht noch in Teilen.

184 Die Nehrungen nördlich des Lebasees und an der Küste des »Blauen Ländchens« zählen zu den größten europäischen Wanderdünengebieten. Der Wind hält die größtenteils kahlen Sandmassen (20 km lang, Lonskedüne 42 m hoch) in ständiger Bewegung, so daß sie Wiesen und Wälder begraben und seit Jahrhunderten verschüttete Wälder wieder freigeben. Der ewige Wellenschlag spült immer neue Sandmassen an den Strand; trocken werden sie ein Spiel des Windes. Die LONSKEDÜNE galt als ideales Segelfluggebiet. Lyonel Feininger und Max Pechstein ließen sich hier inspirieren.

185 Etwa 10 km südwestlich der Kreisstadt Stolp liegt das Dorf ZITZEWITZ, Stammsitz des hinterpommerschen Adelsgeschlechts. Das Gebiet gehört zur Grundmoräne, einer eiszeitlichen Ablagerung, die vorwiegend aus Lehm mit Sandflecken besteht und im allgemeinen gute Ernten abwirft. Die hübschen Weidenröschen entsprechen nicht den landwirtschaftlichen Nutzungsmöglichkeiten. So breitet sich dafür die herrliche Naturlandschaft aus, ein farbenfrohes Bild in der Blütezeit des Frühlings am Rande des Waldes, so weit das Auge in der weiträumigen Landschaft Pommerns reicht.

186 Herzogin Anna, Schwester Bogislaws XIV., des letzten Pommernherzogs, ließ die bedeutendste Dorfkirche des Kreises Stolp in SCHMOLSIN erbauen, eingeweiht 1632. Einen Turmbau verhinderte der Dreißigjährige Krieg, obwohl die Herzogin und später ihr Sohn dafür je 200 Taler gestiftet hatten. Das holten die Schmolsiner erst 1874 nach. Durch Erweiterungen entstand im 19. Jahrhundert eine Kreuzkirche. Die großzügige Ausstattung, so die bunte Kassettendecke, läßt festliche Stimmung aufkommen. 150 Gemälde hatte die Fürstin malen lassen, doch nur 49 sind in den Täfelungen enthalten. Größere und kleine Säulen verleihen dem Passionsaltar (um 1630) eine eigene Note: in der Mitte ein Bild von Jesus, im Obergeschoß die Kreuzigung, in reichgeschmückten Wangen die Portraitköpfe der Herzogin und ihres Sohnes als letztes Glied des Greifengeschlechtes (†1648). Eine Mosesfigur trägt die Kanzel. Bilder füllen die Felder aus. Auf dem hohen Deckel der Taufe thront Christus mit einem Kind. Auf einem Ölgemälde erscheint Pastor Brüggemann (Pontanus, ∗1578), Übersetzer christlicher Texte ins Kaschubische.

187 Wo die Wipper, wie alle hinterpommerschen Flüsse, das pommersche Urstromtal von Ost nach West verläßt und nach Norden einschwenkt, breitet sich die Kreisstadt SCHLAWE aus. Als deutsche Siedlung ist sie an der Straße Wollin–Kolberg–Danzig südlich der alten slawischen Swenzonenburg entstanden und erhielt 1317 lübisches Stadtrecht. 1347 ergriffen die pommerschen Herzöge von ihr Besitz. In Verbindung mit der Hanse trieb die Stadt einen bedeutenden Tuchhandel. Die schon bei der Verleihung des Stadtrechts erwähnte Marienkirche, 1945 schwer beschädigt, heute wiederhergestellt, überragt hoch den Marktplatz und beherrscht die Stadt. Die beiden wuchtigen Tore, das Stolper und Kösliner Tor, haben allen Stürmen der Zeit getrotzt. Während das Stadtzentrum praktisch verschwunden ist, hielten die dicken Mauern dieser drei übriggebliebenen Wahrzeichen aus dem Mittelalter selbst 1945 der Zerstörung stand. Storchenpaare halten heute noch auf den Toren Wache. Die alte Stadtmauer hat man schon im 19. Jh. abgetragen, Koppel- und Kamptor gingen ebenfalls verloren. Schlawe zählte 1939 fast 10 000 Einwohner, heute 13 000.

188 Bevor Rügenwalde-Bad 1936 zur Gemeinde Rügenwalde kam, hieß es RÜGENWALDERMÜNDE und war das älteste Ostseebad Preußens. An der Ostseite der Wipper sicherte eine steinerne Buhne die niedrige Düne, viel Sand lagerte sich davor ab, das Wasser war flach und erwärmte sich deshalb schnell, so daß sich hier gern die Kinder tummelten. Den Hauptbadestrand auf der Westseite bevorzugten die Schwimmer, die Burgen bauten und sich mit Spielen die Zeit vertrieben. Kutter fuhren für geringen Lohn auf See hinaus. Hinter dem Strand lud der Westbusch zum Wandern ein.

189 Bei Großmöllen macht die pommersche Küste einen scharfen Knick nach Nordosten und verläuft von JERSHÖFT bis Stolpmünde in östlicher Richtung weiter. Dadurch liegt der Ort, ein einfaches Bauerndorf mit 290 Einwohnern, an einer herausragenden Stelle, zumal der vorspringende Küstensaum, der von der Abrasion der Meeresbrandung noch übriggeblieben ist, eine Höhe von 23 bis 30 m erreicht. Genau an dieser Stelle steht der 34 m hohe Leuchtturm mit einem Blitzfeuer, das auf 60 km Entfernung sichtbar ist. Das Innere dieses runden Backsteinbaus ist in Stockwerke unterteilt, mit Räumen für Kraftanlage, Vorräte, Wohnung für Wärter und Betriebsdienst, ganz oben Leuchtfeuer, Antenne sowie Radaranlage. Eine Rettungsstation half Schiffbrüchigen aus der Not. Südwestlich von Jershöft erstreckt sich ein Wald, der sich bis Rügenwaldermünde hinzieht, und nach Osten reicht der Waldsaum bis nach Stolpmünde. Der Strand ist breit und steinfrei. Hier herrschte noch ein ruhiges Badeleben. 1930 waren es 800 Badegäste. 5 km südwestlich liegt der große Vitter See, 3 km östlich der 5 km breite Vietzker See.

190 Die Wipper entlang kommt der Besucher in die ehemals reichen Dörfer des Rügenwalder Amtes. Drei Kilometer vor der Mündung des Flusses in die Ostsee hat er RÜGENWALDE erreicht, bekannt durch Rügenwalder Gänsebrüste und Teewürste. Im Schloß residierten nacheinander 14 Herzöge, während Mitglieder des Greifenhauses das ehemalige Marienkron als letzte Ruhestätte gewählt hatten. Der Sarkophag König Erichs von Pommern, der König war für die Geschichte der nordischen Länder bedeutsam, steht in der Turmkapelle der Marienkirche (Ende 14. Jh.). Sie birgt einen Silberaltar mit 27 Platten (Anfang 17. Jahrhundert), den der kunstbeflissene Herzog Philipp II. stiftete. 12 Platten zeigen die 12 Apostel mit Namen, auf der Mittelplatte sieht man die Taufe Christi im Jordan, eine andere bringt die Anbetung der Könige, und weitere Platten beschäftigen sich mit der Leidensgeschichte Christi. Ein Engel trägt die Kanzel, die vier Evangelisten, assistiert von leichtbekleideten Putten mit Flügeln, bilden den Mittelteil, ganz oben winkt ein Engel mit der Friedenspalme. Sogar zwei echte Gemälde Lucas Cranachs befanden sich in der Marienkirche.

191 Als Ort 1214 bezeugt, erhielt KÖSLIN, am Fuße des 137 m hohen Gollen gelegen, durch den Bischof von Cammin 1266 lübisches Recht. Von 1556 bis 1648 verwalteten die Camminer Bischöfe von Köslin aus ihr Fürstentum. Nach dem Brand von 1718 baute Friedrich Wilhelm I. die Stadt wieder auf. Seit 1815 war sie Hauptstadt des Regierungsbezirks, der mit 12766 qkm fast so groß wie Schleswig-Holstein war. Die 1333 erstmals erwähnte Marienkirche, ein spätgotischer Ziegelbau mit starkem Westturm und St.-Gertrauden-Kapelle, ist vom Markt nach Abriß von Häusern sichtbar.

192 Die polnischen Restauratoren haben, wie der Blick in ein Seitenschiff links vom Altar der MARIENKIRCHE von Köslin zeigt, den Putz entfernt, so daß die Ziegelrippen, zumal an den Säulen und Fensterrippen des Altarraumes, deutlich hervortreten. Der untere Teil des Altars mit den Büsten der weiblichen Heiligen besteht ebenfalls aus Ziegelsteinen. Für das frühere gotische Altarbild hat man ein Bild von der Himmelfahrt Mariens geschaffen. Der Rahmen erscheint gotisch. Die vier spätmittelalterlichen Apostel stehen zu zweit an den Seiten des Altars. Ein schlichtes gotisches Kruzifix aus Holz, das ehemals wohl in der Gollenkapelle gestanden haben mag, schließt den Chor ab. Den spätgotischen Flügelaltar von 1512 haben die Restauratoren nach moderner Auffassung wiederhergestellt. In der ehemaligen Gedächtnishalle befindet sich eine neue Grabplatte gleich beim Turmeingang: »Grabplatte von Piotr Kamyk aus dem Jahr 1613 ...« Gemeint ist Peter von Kameke, Geheimer Rat, Ober- und Schloßhauptmann an den pommerschen Höfen von Stettin und Wolgast – »Naturalisierung« 350 Jahre nach dem Tode ist kein Einzelfall.

193 In einem tief eingeschnittenen Tal an der Gotzel, einem Nebenflüßchen der Radüe, in reizvoller hügeliger Landschaft (Jatzthum-Berg, 204 m) liegt das Landstädtchen BUBLITZ. 1309 als Siedlung im Besitz des Camminer Bischofs erwähnt, erhielt es 1340 lübisches Stadtrecht. Tore und Mauer sind verschwunden. Von 1872 bis 1932 Kreisstadt, mußte Bublitz mit Köslin einen neuen Landkreis bilden. Damit erhielt der neu gebildete Kreis eine langgestreckte Form und zog sich von der Ostsee an einem großen Teil der Radüe und Gotzel entlang bis zum Pommerschen Höhenrücken. 1939 wurde Köslin Stadtkreis; der Landkreis blieb bestehen. Am Kriegsende traf Bublitz die totale Zerstörung; auch heute noch wirkt es trostlos. Die Backsteinkirche mit dem schlanken Turm und den beiden Staffelgiebeln stammt aus dem Jahr 1886; nach den Kriegsschäden haben sie die Polen wiederhergestellt. Einsam steht sie da, ohne die früher den Marktplatz umgebenden Häuser. 6 200 Einwohner zählte die Stadt im Jahr 1939. Aus Pleushagen stammt der Reorganisator der preußischen Armee, von Roon, der Schauspieler Paul Dahlke aus Streitz.

194 Auf einer wurtähnlichen Erhöhung in der fruchtbaren Grundmoräne südlich des Jamunder Sees liegt das Dorf JAMUND. Die Kunststraße von 1899 befreite das Dorf aus seiner Abgeschiedenheit. Die Jamunder Kirche wurde häufig umgebaut. So spricht ein Bericht von der ersten Reparatur des Turmes im Jahre 1608, von einer weiteren 1735. Nur die alten Mauern des Chors, des Hauptschiffs und des unteren Turms stammen aus dem Mittelalter. Im 19. Jahrhundert hatten die Jamunder auf der Südseite den sogenannten »Labuser Chor« angebaut, um den Kirchenraum zu vergrößern, in den nun der Haupteingang mündete; das Obergeschoß nahm die nach Pastor Haken benannte Bibliothek auf. Im Westturm befand sich die alte Haupttür. Den Turm hatte man stark umgebaut und unter dem Hauptsims drei rundbogige Fenster auf jeder Seite ausgespart. Im Schiff hingen zwei wertvolle Messingkronen, die größere hatte sechs Arme als Lichtträger, oben den doppelten Reichsadler; die kleinere hing 1977 noch in der Kirche. Nach 1945 entfernten die Polen alle Bauteile, die als evangelisch gelten konnten, so die Seitenempore im »Labuser Chor«.

195 Eine der ausgeprägtesten pommerschen Städte, BELGARD an der Persante, hat die Katastrophe von 1945 einigermaßen gut überstanden. Bereits 1102 als eine der ältesten pommerschen Burgen erwähnt, erhielt es 1299 von Herzog Bogislaw IV. lübisches Recht und war Mitglied der Hanse. An dem fast quadratischen Marktplatz steht diagonal die im gotischen Stil erbaute dreischiffige Marienkirche mit ihrem monumentalen Turm und seiner fast zierlichen barokken Haube. Von den Stadtbefestigungen ist das Hohe Tor erhalten, ein Ziegelbau mit ansprechendem Blendenschmuck.

196 Die Marienkirche, daneben das neue Rathaus sowie das alte Rathaus am Markt sind repräsentative Bauten an dem auch sonst Achtung gebietenden, ausgedehnten Marktplatz von Belgard. Nach dem Brand von 1506 haben die Bürger ihre Marienkirche von 1310 erneuert. Bescheiden in einer Ecke steht dieses ehrwürdige, leicht beschädigte, achteckige TAUFBECKEN aus Holz, ein kunstvolles Schnitzwerk, verziert mit ornamentalem Blätterschmuck in Bronzefarbe an den Außenseiten. Die Zehen des Untersatzes krallen sich fest in den achteckigen Boden, den eine Intarsienarbeit ziert.

197 Ursprünglich als Dorf auf einer Insel in der oberen Rega erwähnt, war SCHIVELBEIN, Kreis Belgard, ein vorgeschobener Posten der brandenburgischen Askanier, nicht weit entfernt von der Ostsee. Das Schloß, von 1319 bis 1384 im Besitz der Wedel, baute der Deutsche Ritterorden zu einer festen Ordensburg aus. Vom Ende der Ordensherrschaft im Jahre 1455 an gehörte das Land Schivelbein bis 1815 zu Brandenburg, danach, als selbständiger Kreis bis 1932, zu Pommern. Schloß und die spätgotische Marienkirche sowie Steintor sind bemerkenswerte Baudenkmäler.

198 Erstmals 1250 urkundlich erwähnt, gehörte Gut GROSS TYCHOW im Ostzipfel des Kreises Belgard bis 1945 dem Geschlecht derer von Kleist mit einigen Nebenlinien. Auf dem Friedhof in Ortsnähe fällt der »Große Stein« ins Auge, größter Findling Norddeutschlands, ein Granatgneis, den das etwa 3000 m dicke Eis von Skandinavien hierher bewegt hat, abgehobelt von dem Gebirge der Nordländer. Der Stein hat einen Durchmesser von 13 bis 14 m, einen Umfang von 44 m, erreicht an der Oberfläche eine Höhe von 4 m, sein Gewicht schätzt man auf 30 000 bis 40 000 Zentner.

199 Hört der Pommer den Namen Bad POLZIN, denkt er an die Pommersche Schweiz, an die hügelige Moränenlandschaft des Höhenrückens mit den Seen, jedoch ebenso an das Moor-, Sol- und Stahlbad, an den Kurbetrieb und die Kuranlage des Luisenbades. 1688 hatte man seine Eisenquellen entdeckt. Die Landschaft mit Schafen zeigt uns eine andere Seite. Dieses Gebiet gehört zum Wirkungsraum Brenkenhoffs, des großen Mitstreiters Friedrichs II. Um Wiesen zu gewinnen, ließ man Seen ab oder senkte den Wasserspiegel. Die Anzahl der Schafe weist auf einen Staatsbetrieb hin.

200 Ein Stadtname ist zum Symbol geworden: KOLBERG. Mut und Opfersinn zeigten sich dreimal im Siebenjährigen Krieg. 1758 und 1760 konnte die Stadt die Übermacht der Russen abwehren, 1761 mußte der Kommandant von der Heyde kapitulieren, unbesiegt im Kampf, doch bezwungen durch den Hunger. Da starb Friedrichs unerbittliche Feindin, die Zarin Elisabeth. Gegen Napoleon leisteten die Kolberger unter Gneisenau und Nettelbeck 1806 erfolgreich Widerstand. Ihr Denkmal haben die Polen entfernt, den Leuchtturm umfunktioniert in eine Gedenkstätte des Sieges.

201 Während Rügenwalde als ältester anerkannter Badeort Pommerns von 1813 den Reigen anführte, folgte bald darauf das Seebad Kolberg. Die Nachbarschaft der See mit ihrer weiten Fläche, von breitem Sandstrand, Dünen und anschließenden Wäldern, unterstützt durch großzügige, gepflegte Parkanlagen (Maikuhle), machten einen Urlaub zum Erlebnis. 1938 stand Kolberg mit 45000 Badegästen und hohen Übernachtungszahlen an der Spitze aller deutschen Kurorte. Die Polen haben eine ANLEGESTELLE gebaut, von der aus Erholungsuchende auf Schiffen die See genießen können.

202 Sole und Salz waren schon in wendischer Zeit bekannt. Zu einem führenden Handelsplatz entwickelte sich die Stadt in der Hansezeit. 1657 hatte Kurbrandenburg mit Kolberg einen Kriegshafen und später eine Kriegswerft bekommen. Der Hafenplatz eignete sich auch im friedlichen Wettstreit für den Umschlag von Holz und Getreide und wurde schließlich Standort einer modernen Fischkutterflotte, so daß der Hafenumschlag 1938 schon 230 000 t betrug. Die Möwen, an Gewässer gebundene Vögel, halten vor der HAFENEINFAHRT Wache, begleiten Schiffe auf Routen in Küstennähe.

203 Kaiser Otto III. gründete im Jahr 1000 das Erzbistum Gnesen; somit unterstand die polnische Kirche fortan nicht mehr dem Erzbistum Magdeburg. Das von Gnesen aus in Kolberg eingerichtete Bistum konnte sich nicht lange halten. Wenden zerstörten die 1017 gestiftete St.-Marien-Kirche in der Altstadt. In der von Deutschen neugegründeten Stadt Kolberg fand 1282 der erste Gottesdienst in der dreischiffigen Marienkirche statt. 1313 folgte der Anbau des Hohen Chores, später der Marien- und Holkenkapelle. 1410 kam die entscheidende Umwandlung von der dreischiffigen St.-Marien-Domkirche in die fünfschiffige Hallenkirche. 1450 errichtete man ein einheitliches Kirchendach. Am 19. Februar 1531 hielt Niklas Kleine den ersten evangelischen Gottesdienst. 1900 bekam St. Marien ein neues Kupferdach. Der Kolberger DOM wirkt durch das alle fünf Schiffe überdeckende und bis zur Höhe des Turmes emporgezogene Dach von großer Weiträumigkeit im Innern, außen durch großflächige Einheit und massige Wucht der miteinander verschmolzenen Türme aus dem 17. Jh. Beim Wiederaufbau des Domes scheuten die Polen keine Mühe.

204 Acht mächtige Pfeiler trugen das Kreuzgewölbe des hohen Mittelschiffs im Kolberger Dom. 72 Gewölbefresken überstanden alle Verwüstungen, bis sie 1945 doch noch der Kriegsfurie zum Opfer fielen. Ältestes Kunstwerk (1327) war eine Nachbildung des berühmten Siebenarmigen Leuchters aus dem Tempel zu Jerusalem, der weiterhin im Dom zu sehen ist. 1378 starb Henning Scheif in Kolberg, Ahnherr des Geschlechtes aus niedersächsischem Adel. Hans Schlieff begründete den Reichtum der Schlieffen; 26 Namensträger waren bis 1751 Mitglied im Rat der Stadt. Die Familie Schlieffen stiftete 1523 die SCHLIEFFENKRONE, im spätgotischen Stil geschnitzt und vergoldet, mit Maria und Christuskind im Mittelpunkt; sie ist noch zu sehen, ebenso wie das aus dem Jahre 1355 stammende Taufbecken mit den vier Löwenfüßen. 1688 entstand die Kanzel. In Gegenwart des Kronprinzen wurde 1827 die neue Orgel eingeweiht, 100 Jahre später (1927) umgebaut. 1887–1890 ließ Baumeister Pogge den Dom erneuern. Ein königliches Geschenk von 50 000 Mark war für die Wiederherstellung der Decken und Wandmalereien bestimmt.

205 Wo die Rega, vom Pommerschen Höhenrücken kommend, in das Pommersche Urstromtal nach Westen einbiegt, liegt am Flußufer STARGORDT, das die älteste, 1578/79 erbaute Fachwerkkirche des Kreises Regenwalde besitzt, eine der seltenen Kirchen des 16. Jahrhunderts. Den Turm hat man später angebaut; für eine Fachwerkkirche wirkt er fast zu mächtig, ein Glockentürmchen sitzt auf seinem Dachfirst. Der Haupteingang befindet sich im Turm. Stargordt ist einer der ältesten Stammsitze des Geschlechts derer von Borcke. Ein dreiachsiger Mittelrisalit betonte das Hauptgebäude, ein barockes Schloß aus den Jahren 1717–1720, Beispiel dafür, wie sich Größe und Einfachheit harmonisch verbinden können. So wirkte das Haus durch das gebrochene Dach mit vorgesetzten Mansardenfenstern einfach und behaglich. Zum Schloß gehörten wertvolle Sammlungen von Gobelins mit Darstellungen aus der antiken Mythologie. Der letzte Besitzer, Henning Graf von Borcke-Stargordt, konnte sich mit seiner Frau gerade noch retten, als die Sowjets eindrangen und das kunstgeschichtlich wertvolle Haus niederbrannten.

206 Dem Bischof von Cammin, Graf Otto von Eberstein, wurde die ehemalige Burgsiedlung NAUGARD übergeben, und der Ort bekam 1309 lübisches Recht. Unter brandenburgische Verwaltung geriet Naugard 1648. Die Bahnstrecke Stettin – Kolberg, an der die Stadt liegt, trug zu ihrem Gedeihen bei (1939: 8 200 Einwohner). Die Marienkirche mit der Ebersteinkapelle stammt aus dem 14. Jahrhundert. 1918 hatte der Blitz in den Turm eingeschlagen. Die verursachten Schäden gefährdeten die ganze Kirche. Im Zuge des Neuaufbaus erhielt der Turm wieder einen Dachreiter. Das Dach wurde neu gedeckt, die Pfeiler mußten verstärkt werden. An die Stelle des alten Gewölbes trat ein Sterngewölbe, das der Kirche ein festliches Aussehen verlieh. Neue Orgel, Ausschmückung der Kanzel und lebendige Farben hatten der Marienkirche ein verjüngtes Gesicht gegeben. Als gut gelungen gilt die Wiederherstellung des in Trümmern gelegenen Schnitzaltars durch den Stettiner Bildhauer Axel Ehrt und seine Söhne. Er stellt die Erlösung Christi dar. Somit war die im späten Mittelalter erbaute Kirche 1929 sozusagen neu entstanden.

207 Unter dem Namen Vredeheyde erhielt GOLLNOW 1268 Magdeburger Recht. Der Fachwerkspeicher bestätigt, daß der Fachwerkbau gerade in Gegenden mit schlechten Böden Tradition hat. Aus Holz (Eiche, Tanne oder Fichte) besteht das Stabwerk. An den Ecken sind Streben eingebaut, die den Zusammenhalt verstärken. Die einzelnen Fächer sind mit Ziegelsteinen ausgefüllt. Ein Fachwerkbau mit klaren Kontrastfarben ruft bei guter Pflege eine reizvolle Wirkung hervor. Der Speicher dient der Aufnahme von Erzeugnissen aus Landwirtschaft, Holzverarbeitung und Industrie.

208 Nach Rückgang des Eises blieben um Gollnow große Sandflächen vom ehemaligen Haffstausee zurück. Darauf haben sich vielfach, besonders nach Westen zum Dammschen See und Papenwasser zu, Flachmoore gebildet. Die unfruchtbare GOLLNOWER HEIDE, früher eine unübersehbare Waldwildnis, ist heute Forstgebiet. Friedrich der Große gründete Dörfer. Holz lieferte den Rohstoff für die Fachwerkhäuser. Ackerbau, Viehzucht und Holzhandel bildeten die Haupterwerbsquellen. Fabriken sind entstanden. Die schiffbare Ihna brachte regen Handelsverkehr in diesen Raum.

209 Dem Pommernherzog Barnim I. war an der Christianisierung und Besiedelung durch Deutsche viel gelegen. 1248 schenkte er dem Bistum Cammin das Land Kolberg östlich der Persante, 1277 das Land westlich davon. Um 1250 hatte er das Land Gülzow, Naugard und das Land Massow links der Stepenitz auf dem Pommerschen Landrücken dem Bistum als Besitz übergeben. Aus den drei Landen wurde eine Grafschaft. Hermann von Gleichen, seit 1252 achter Bischof von Cammin, belehnte 1274 den Grafen von Everstein, Sohn seiner Schwester, mit dieser Grafschaft. Diese Linie des Geschlechtes der Everstein starb in der männlichen Linie 1663 aus. Hermann von Gleichen verlieh MASSOW 1278 Magdeburger Stadtrecht. Die fast vollständig erhaltene Stadtmauer ist etwa kreisrund und umrahmt die quadratischen Grundrisse der Bauten. Am Markt inmitten der Stadt stehen Marienkirche (14. Jahrhundert) und Rathaus. Die Pfarrkirche St. Marien, ein spätgotischer Bau, ziert ein wohlgeformtes Backsteinportal. Die Stadttore sind abgebrochen, nur der Rundturm des Naugarder Tores blieb übrig.

210 Bereits 1123 wurde CAMMIN als Burg der Wilzen genannt und erhielt 1274 lübisches Recht. Gelegentlich diente sie den pommerschen Herzögen als Residenz. Die Stadt selbst war Mitglied der Hanse. Der Dom St. Johannes, romanisch mit Granitquadern begonnen, wurde 1360 backsteingotisch vollendet. Der Kreuzgang zu ebener Erde lehnt sich an die Nordseite des Domes an und führt in gewölbten Bogengängen um einen Innenhof. Betend und in religiöse Gespräche vertieft, suchten hier die Mönche einzeln oder im gemeinsamen Gang Erbauung im christlichen Glauben.

211 Betreten wir den Camminer Dom, die »Schöne«, von der Turmseite her, breiten sich vor uns Harmonie und Reichtum des Details aus: Kanzel, Altar, Sakristei, Orgel. Der in die Apsis gebaute Hochaltar, ein gotischer Schrank- oder Flügelaltar, zeigt im Innern des Schreins bemalte und vergoldete Holzschnitzereien aus dem 15. Jh.: in der Mitte die Himmelfahrt Mariens, begleitet von vier musizierenden Engeln, oben die Dreieinigkeit, unten Jesus mit elf treugebliebenen Jüngern. Die Seitenteile enthalten je vier Szenen aus dem Leben Johannes des Täufers und von Märtyrern.

212 Die Kirche in JASSOW bei Cammin, deren langgestreckter Bau mit seinem achteckigen Holzturm weithin ins flache Land grüßt, wurde im Mittelalter, in Teilen aus Feldsteinen, gebaut. Ihre Flachdecke wurde 1913 von einer Art Holztonne überwölbt. Frauen und Männer saßen hier getrennt, wie in einzelnen pommerschen Kirchen noch üblich. Reich geschnitzte und bemalte Türen beleben das Gestühl auf der Frauen- und Männerseite, während die Orgelempore die Zehn Gebote in Bildern verdeutlicht. Den Altar fertigte 1653 der Tischler Gregor Beckmann an, die Kanzel ist 20 Jahre älter, reich verziert und mit lateinischen Inschriften versehen. Ein 4 m hohes Gemälde an der Nordwand stellt in eindringlichen Bildern das Jüngste Gericht dar: Tote steigen aus den Gräbern, und der Weltenrichter hält von oben Gericht. In Pommern gibt es fünf solcher Auferstehungsbilder. Jassow besitzt zwei Kirchen, die hier gezeigte evangelische und eine altlutherische. Als 1817 Friedrich Wilhelm III. die Wiedervereinigung des evangelischen und reformierten Bekenntnisses verordnete, kam es zu Neubauten für altlutherische Gemeinden.

213 Allgemein haben die Dorfkirchen ihren Formenreichtum bewahren können, sind jedoch kleiner und schlichter in der Bauart und dörflicher Lebensweise angepaßt. Eine der vielen Dorfkirchen, die ihre Eigenständigkeit bewahrt und sich neben dem Dom ihrer Kreisstadt behaupten konnten, steht in KUNOW, Kreis Cammin. Zum Feldsteinbau des Kirchenschiffs, das im 16. Jahrhundert erweitert wurde, gesellt sich ein schlichter Holzturm, der die Blicke auf sich lenkt. Er besitzt geböschte Wandungen, und unter dem Helm überragen lanzettförmig ausgeschnittene Schalbretter die Wandungen. Die bemalte flache Kirchendecke zeigt Ölbilder mit Herzdarstellungen aus dem Jahre 1763. So findet sich unter der Überschrift: »Ich werde in Christi erwählet« ein Bild mit einem Herzen auf einem Buch, und eine Hand schreibt »Jesus« auf das Herz. Bei der Überschrift: »Ich werde durchs Wort erleuchtet« hält eine Hand eine Bibel aufs Herz. Und bei der Überschrift: »Ich werde durch das Gesetz erweichet« schlägt ein Hammer aufs Herz. Zwölf Totenkranzkonsolen aus dem 18. und 19. Jh. sind Ausdruck schlichter Volkskunst.

214 Der ans Meer grenzende Landkreis hat gleich fünf beliebte Badeorte: Deep, Horst, Rewahl, Fischerkathen und Hoff. In den 82 Gemeinden, besonders im fruchtbaren Küstenraum, befanden sich 70 v. H. der Bodenfläche in bäuerlicher Hand. Die Kreisstadt GREIFENBERG, 1262 gegründet, besaß als wichtigstes Wahrzeichen ihre Marienkirche. Mit dem Bau hat man wohl früh begonnen, denn in der Verleihungsurkunde des lübischen Rechts setzte der Herzog vier Hufen Land für die Pfarrkirche aus. Ihr breites Langhaus wurde im 14. Jahrhundert vollendet, der Turm im 15. Jahrhundert angefügt, weitere Anbauten folgten. Nach der Reformation in Pommern besuchte Johann Bugenhagen, genannt Dr. Pomeranus, seinen Schwager, den Greifenberger Bürgermeister Lübbeke, und ordnete hier das Kirchenwesen. 1658 brannte der Südteil der Stadt mit der Marienkirche ab, deren Gewölbe einstürzte. Die neue flache Balkendecke ersetzte man 1912 durch ein Gewölbe. Im 18. Jahrhundert erhielt die Kirche eine niedrigere rundliche Barockhaube. Den Innenraum hat Regierungsbaumeister Rassow 1909/10 künstlerisch gestaltet.

213 Allgemein haben die Dorfkirchen ihren Formenreichtum bewahren können, sind jedoch kleiner und schlichter in der Bauart und dörflicher Lebensweise angepaßt. Eine der vielen Dorfkirchen, die ihre Eigenständigkeit bewahrt und sich neben dem Dom ihrer Kreisstadt behaupten konnten, steht in KUNOW, Kreis Cammin. Zum Feldsteinbau des Kirchenschiffs, das im 16. Jahrhundert erweitert wurde, gesellt sich ein schlichter Holzturm, der die Blicke auf sich lenkt. Er besitzt geböschte Wandungen, und unter dem Helm überragen lanzettförmig ausgeschnittene Schalbretter die Wandungen. Die bemalte flache Kirchendecke zeigt Ölbilder mit Herzdarstellungen aus dem Jahre 1763. So findet sich unter der Überschrift: »Ich werde in Christi erwählet« ein Bild mit einem Herzen auf einem Buch, und eine Hand schreibt »Jesus« auf das Herz. Bei der Überschrift: »Ich werde durchs Wort erleuchtet« hält eine Hand eine Bibel aufs Herz. Und bei der Überschrift: »Ich werde durch das Gesetz erweichet« schlägt ein Hammer aufs Herz. Zwölf Totenkranzkonsolen aus dem 18. und 19. Jh. sind Ausdruck schlichter Volkskunst.

214 Der ans Meer grenzende Landkreis hat gleich fünf beliebte Badeorte: Deep, Horst, Rewahl, Fischerkathen und Hoff. In den 82 Gemeinden, besonders im fruchtbaren Küstenraum, befanden sich 70 v. H. der Bodenfläche in bäuerlicher Hand. Die Kreisstadt GREIFENBERG, 1262 gegründet, besaß als wichtigstes Wahrzeichen ihre Marienkirche. Mit dem Bau hat man wohl früh begonnen, denn in der Verleihungsurkunde des lübischen Rechts setzte der Herzog vier Hufen Land für die Pfarrkirche aus. Ihr breites Langhaus wurde im 14. Jahrhundert vollendet, der Turm im 15. Jahrhundert angefügt, weitere Anbauten folgten. Nach der Reformation in Pommern besuchte Johann Bugenhagen, genannt Dr. Pomeranus, seinen Schwager, den Greifenberger Bürgermeister Lübbeke, und ordnete hier das Kirchenwesen. 1658 brannte der Südteil der Stadt mit der Marienkirche ab, deren Gewölbe einstürzte. Die neue flache Balkendecke ersetzte man 1912 durch ein Gewölbe. Im 18. Jahrhundert erhielt die Kirche eine niedrigere rundliche Barockhaube. Den Innenraum hat Regierungsbaumeister Rassow 1909/10 künstlerisch gestaltet.

215 Schon 1170 galt TREPTOW an der Rega als bedeutende Siedlung, erhielt 1277 lübisches Stadtrecht und wurde 1450 Mitglied der Hanse. 1534/35 tagte in Treptow der Landtag, der die Einführung der Reformation in Pommern in Anwesenheit Bugenhagens, dem engsten Mitarbeiter Martin Luthers, beschloß. Das Zentrum des ovalen Stadtgrundrisses bildet der quadratische Marktplatz mit dem Rathaus in der Mitte. Erfreulicherweise hat er, von einer Seite abgesehen, weitgehend sein Aussehen bewahrt. Die Kirche, 1303 oder 1305 begonnen und 1370 vollendet, überragt mit ihrem 90 m hohen Turm die Stadt. Ihr ältester Teil ist der Altarraum. Äußerlich ist die Kirche einfach gehalten, der untere Teil des Turmes erscheint viereckig, der Oberbau achteckig. Die Plattform besitzt eine durchbrochene Brüstung, von der man weit hinaus aufs Meer und ins Land hinein blicken kann. Im Innern ähnelt das Gotteshaus einer hohen Halle mit drei gleich hohen Schiffen. Ein Altarbild zeigt Maria mit dem Kinde auf der Erdkugel; das lächelnde Jesuskind streckt die Arme dem Betenden entgegen. Drei hohe Altarfenster zeigen Bilder aus dem Leben Christi.

216 Einst lag die Kirche von HOFF mitten im Dorf. »Vergilbte Blätter« von Pastor Kummrow erzählen, wie das Land mit seiner Kirche ein Opfer des jahrhundertelangen Kampfes mit der Ostsee wurde. Um die Kirche herum liegen die Toten bestattet; viele Gebeine sind ins Meer hinabgesunken. 1874 hielt der Pastor den letzten Gottesdienst. Erst 1901 stürzte die ganze Nordseite in die Tiefe. Noch lockt die Ruine die Besucher an, noch richten sich die Ferngläser nach dem romantischen Punkt. Schon hundert Jahre steht sie so da; wann wird das Meer endgültig gesiegt haben?

Regierungsbezirk Köslin

alt KÖSLIN neu

BELGARD

BÜTOW

LAUENBURG

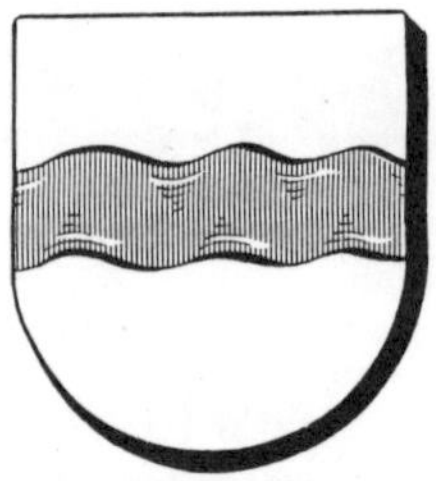

RUMMELSBURG

SCHLAWE

STOLP

Regierungsbezirk Grenzmark Posen-Westpreußen

SCHNEIDEMÜHL

ARNSWALDE

DEUTSCH KRONE

DRAMBURG

FLATOW

FRIEDEBERG

NEUSTETTIN

SCHÖNLANKE

SCHLOCHAU